essentials

Essentials liefern aktuelles Wissen in konzentrierter Form. Die Essenz dessen, worauf es als „State-of-the-Art" in der gegenwärtigen Fachdiskussion oder in der Praxis ankommt. *Essentials* informieren schnell, unkompliziert und verständlich

- als Einführung in ein aktuelles Thema aus Ihrem Fachgebiet
- als Einstieg in ein für Sie noch unbekanntes Themenfeld
- als Einblick, um zum Thema mitreden zu können

Die Bücher in elektronischer und gedruckter Form bringen das Fachwissen von Springerautor*innen kompakt zur Darstellung. Sie sind besonders für die Nutzung als eBook auf Tablet-PCs, eBook-Readern und Smartphones geeignet. *Essentials* sind Wissensbausteine aus den Wirtschafts-, Sozial- und Geisteswissenschaften, aus Technik und Naturwissenschaften sowie aus Medizin, Psychologie und Gesundheitsberufen. Von renommierten Autor*innen aller Springer-Verlagsmarken.

Tomas Smetana · Lysander Weiß ·
Lucas Sauberschwarz · Christine Grübel

Innovation for Growth

Wachstum traditioneller
Industrieunternehmen durch
strategische Innovation

Tomas Smetana
Technologievorstand (CTO)
ebm-papst Group
Mulfingen, Deutschland

Lucas Sauberschwarz
Direktor des Center for Innovation,
SGMI Management Institut St. Gallen
Managing Partner, venture.idea
Konstanz, Deutschland

Lysander Weiß
Senior Research Fellow, HHL Graduate
School of Management, Partner, venture.
idea, Adjunct Professor, Woxsen
University School of Business
Köln, Deutschland

Christine Grübel
Director Innovation Management
ebm-papst Group
Mulfingen, Deutschland

ISSN 2197-6708   ISSN 2197-6716   (electronic)
essentials
ISBN 978-3-658-47409-6   ISBN 978-3-658-47410-2   (eBook)
https://doi.org/10.1007/978-3-658-47410-2

Die Deutsche Nationalbibliothek verzeichnet diese Publikation in der Deutschen Nationalbibliografie; detaillierte bibliografische Daten sind im Internet über https://portal.dnb.de abrufbar.

© Der/die Herausgeber bzw. der/die Autor(en), exklusiv lizenziert an Springer Fachmedien Wiesbaden GmbH, ein Teil von Springer Nature 2025

Das Werk einschließlich aller seiner Teile ist urheberrechtlich geschützt. Jede Verwertung, die nicht ausdrücklich vom Urheberrechtsgesetz zugelassen ist, bedarf der vorherigen Zustimmung des Verlags. Das gilt insbesondere für Vervielfältigungen, Bearbeitungen, Übersetzungen, Mikroverfilmungen und die Einspeicherung und Verarbeitung in elektronischen Systemen.
Die Wiedergabe von allgemein beschreibenden Bezeichnungen, Marken, Unternehmensnamen etc. in diesem Werk bedeutet nicht, dass diese frei durch jede Person benutzt werden dürfen. Die Berechtigung zur Benutzung unterliegt, auch ohne gesonderten Hinweis hierzu, den Regeln des Markenrechts. Die Rechte des/der jeweiligen Zeicheninhaber*in sind zu beachten.
Der Verlag, die Autor*innen und die Herausgeber*innen gehen davon aus, dass die Angaben und Informationen in diesem Werk zum Zeitpunkt der Veröffentlichung vollständig und korrekt sind. Weder der Verlag noch die Autor*innen oder die Herausgeber*innen übernehmen, ausdrücklich oder implizit, Gewähr für den Inhalt des Werkes, etwaige Fehler oder Äußerungen. Der Verlag bleibt im Hinblick auf geografische Zuordnungen und Gebietsbezeichnungen in veröffentlichten Karten und Institutionsadressen neutral.

Planung/Lektorat: Isabella Hanser
Springer Gabler ist ein Imprint der eingetragenen Gesellschaft Springer Fachmedien Wiesbaden GmbH und ist ein Teil von Springer Nature.
Die Anschrift der Gesellschaft ist: Abraham-Lincoln-Str. 46, 65189 Wiesbaden, Germany

Wenn Sie dieses Produkt entsorgen, geben Sie das Papier bitte zum Recycling.

Was Sie in diesem *essential* finden können

- Eine Übersicht zu strategischer Innovation in traditionellen Industrieunternehmen
- Fundierter und praxisbezogener Innovationsstrategieprozess
- Grundsätze zur organisatorischen Verankerung strategischer Innovation

Hinweis: Zur besseren Lesbarkeit wird in diesem Buch das generische Maskulinum verwendet. Die verwendeten Personenbezeichnungen beziehen sich auf alle Geschlechter.

Geleitwort: Mit strategischer Innovation die Zukunft gestalten

Ob Klimawandel, politisch-gesellschaftliche Umbrüche, komplexe Regulierung oder technologische Neuerungen: Immer neue und schnellere Veränderungen stellen insbesondere auch traditionelle Industrieunternehmen vor ganz neue Herausforderungen. Die Zeiten, in denen sie globale Nischenmärkte in Ruhe entwickeln und mit langfristigen Wettbewerbsvorteilen dauerhaft bespielen konnten, sind passé. Maßnahmen gegen den Klimawandel, wie beispielsweise die Energiewende, bedingen deutlich nachhaltigere Lösungen und Prozesse. Die neuen geopolitischen Rahmenbedingungen mit Handelsbarrieren in einer multipolaren Welt erhöhen den Bedarf an resilienter und regionalisierter Wertschöpfung. Zunehmende Regulatorik wie KI-Act, F-Gas oder Lieferkettengesetz zwingen Unternehmen zur Anpassung ihrer Betriebsmodelle und Produkte. Technologien wie Künstliche Intelligenz oder digitale Kanäle sorgen für deutlich höhere Informationsverbreitung und -verarbeitung mit entsprechenden Innovations- und Entwicklungsschüben, die in neuen Produkten, Prozessen und Geschäftsmodellen Anwendung finden müssen.

Wenn sie ignoriert oder nur unwillig adressiert werden, können solche Veränderungen für ein etabliertes Unternehmen mit einem historisch erfolgreichen Geschäftsmodell und etablierten Wettbewerbsvorteilen ein beträchtliches Risiko für zukünftiges erfolgreiches Wachstum oder sogar Überleben darstellen. Doch eine Organisation, die bereit ist, bestehende Wettbewerbsvorteile zu hinterfragen und sich zu erneuern, kann auch die Chancen aus diesen Veränderungen ergreifen.

Einige traditionelle Industrieunternehmen wie KONE, Würth oder DEHN zeigen hier bereits, wie neue Kunden- und Marktbedürfnisse mit ganz neuen Technologien erfolgreich adressiert werden können. In vielen anderen Unternehmen ist diese Fähigkeit zur strategischen Erneuerung jedoch (noch) wenig ausgeprägt, da sie in der Vergangenheit auch selten gebraucht wurde. Doch für jeden Markt und jedes Unternehmen wird es zukünftig schlicht nicht mehr möglich sein, sich rein auf die Ausnutzung und Weiterentwicklung des bestehenden Geschäftsmodells zu fokussieren. Stattdessen braucht es strategische Innovationskompetenz, welche klassische inkrementelle Weiterentwicklungen aus der technischen Forschung und Entwicklung (F&E) um neue Prozesse, Services, und Geschäftsmodelle für neue Märkte ergänzt, welche das Unternehmen aktuell noch nicht oder nur am Rande adressiert. Hier kann dann ganz neuer Mehrwert für Kunden und somit zukünftiges profitables Geschäft geschaffen werden. Damit dies gelingt, muss Innovation raus aus der rein technologischen Betrachtung und von Anfang an mit der Strategie- und Marktsicht zusammengebracht werden. Was passiert in der Welt? Was heißt das für das Unternehmen? Was ergeben sich daraus für neue Risiken und Chancen? Wie ist das Geschäftsmodell und Leistungsportfolio zukünftig anzupassen, um diese zu adressieren? Die Beantwortung solcher strategischen Fragen gelingt nicht in rein technischen F&E-Einheiten oder separaten Innovationlabs und Start-up Inkubatoren. Stattdessen wird ein strategisches Innovationsmanagementsystem benötigt, welches passende Prozesse, (Portfolio-) Steuerung und (Projekt-) Organisation bereitstellt, um die Antworten zu finden und Innovationen dafür zu entwickeln. Eine solche strategische Innovation hat damit keinen Selbstzweck, sondern dient immer dem Unternehmenserfolg, welcher aus der Befriedigung eines relevanten Kundenbedürfnisses mit einer dazu passenden, skalierfähigen Lösung entsteht.

Um diese strategische Innovation zu entwickeln, müssen das „Warum" und „Was" zu Beginn beantwortet werden und das Team von den Antworten überzeugt sein – dann gelingt auch die Wirkung auf das zukünftige Wachstum im Sinne von „Innovation for Growth". Entsprechend wichtig sind die strategischen Entscheidungen, welche Themen zukünftig fokussiert werden sollen – und welche dann gegebenenfalls auch wegfallen. Entsprechend muss neben neuen Innovationsthemen auch die Entscheidung getroffen werden, bestehende Geschäftstätigkeiten mit abnehmendem Markt- oder Differenzierungspotenzial einzustellen oder zu veräußern. Bei ebm-papst als traditionelles Zuliefererunternehmen für Luft- und Heiztechnik betraf dies beispielsweise in den letzten Jahren die Bereiche „Haushaltsgeräte", „Automotive" und „Antriebstechnik". Dies schaffte dann Freiraum und Ressourcen, um zukünftige Marktpotenziale wie beispielsweise in Rechenzentren, erneuerbaren Energien oder Heiztechnik und technologische Entwicklungen wie intelligente Ventilatoren und datengetriebene Geschäftsmodelle zu forcieren. Dieses Buch zeigt fundiert und anwendbar, wie mit strategischer Innovation relevante Veränderungen im Umfeld kontinuierlich erfasst und als

Chance adressiert werden. Damit sind solche Anpassungen systematisch möglich und bilden so die Grundlage für zukünftiges profitables Wachstum traditioneller Industrieunternehmen!

ebm-papst Group   Dr. Klaus Geißdörfer
                                             Vorstandsvorsitzender

Vorwort

Innovation ist neben Nachhaltigkeit und Digitalisierung das meistzitierte Wort in der Strategie von modernen, global operierenden Unternehmen. Innovation bewahrt oder steigert die Zukunftsfähigkeit eines Unternehmens und hilft, langfristige strategische Ziele zu erreichen. Die praktischen Erfahrungen zeigen allerdings, dass sich viele traditionelle Industrieunternehmen schwertun, ein strukturiertes und durchgängiges Innovationsmanagementsystem aufzusetzen, welches einen messbaren und relevanten strategischen Wertbeitrag vor allem im mittel- und langfristigen Horizont ermöglicht.

Auf Basis langjähriger praktischer Erfahrungen aus der Entwicklung innovativer technologischer Produkte und der Implementierung holistischer Innovationsmanagementsysteme in der globalen Automobil- und Industriebranche zeigt das vorliegende Werk konkrete Wege zur Realisierung strategischer Innovation in traditionellen Industrieunternehmen. Die Verallgemeinerung und Systematisierung dieser Erfahrungen unter Berücksichtigung theoretischer Grundlagen zu strategischer Innovation erfolgt in enger Zusammenarbeit mit den Experten der Managementberatung venture.idea. In Kombination wird damit ein fundiertes und gleichzeitig möglichst praxisnahes Managementsystem für strategische Innovation einem breiten Anwenderkreis zur Verfügung gestellt, um die oft zitierten Erwartungen an Innovation zukünftig besser zu erfüllen und die Zukunftsfähigkeit traditioneller Industrieunternehmen nachhaltig zu verbessern.

Tomas Smetana
Lysander Weiß
Lucas Sauberschwarz
Christine Grübel

Inhaltsverzeichnis

1	Innovation ist kein Selbstzweck.................................	1
2	Dynamische Fähigkeiten für strategische Innovation.............	7
3	Strategisches Innovationsmanagementsystem zur Etablierung und Anwendung dynamischer Fähigkeiten...........	11
	3.1 Innovationsentwicklungsprozess...........................	12
	3.2 Innovationsstrategieprozess...............................	13
4	Von strategischen Zielen zum optimierten Innovationsportfolio....	15
	4.1 Innovationsbeitrag definieren..............................	16
	4.1.1 Strategische Ziele für Innovation.....................	16
	4.1.2 Strategischer Wertbeitrag...........................	18
	4.1.3 Chancen und Risiken...............................	20
	4.1.4 Strategische Fokusfelder als „Innovationscluster"........	20
	4.2 Innovationsportfolio evaluieren............................	22
	4.2.1 Innovationsportfolio kompilieren......................	25
	4.2.2 Innovationsportfolio bewerten und analysieren..........	27
	4.2.3 Innovationslücke bestimmen.........................	29
	4.3 Neue Innovationspotenziale identifizieren....................	32
	4.3.1 Externe und interne Analyse.........................	32
	4.3.2 Ableitung neuer strategischer Innovationspotenziale.....	33
	4.3.3 Bewertete und priorisierte neue Innovationspotenziale....	34
	4.4 Innovationsportfolio anpassen..............................	36
	4.4.1 Angepasstes Innovationsportfolio.....................	36
	4.4.2 Portfoliostrategie..................................	37
	4.4.3 Portfoliolebenszyklus...............................	37
	4.4.4 Ressourcen dynamisch verteilen......................	39

5	**Organisatorische Verankerung strategischer Innovation**	41
5.1	Agile, dezentrale Projektorganisation	43
5.2	Innovationsboard und zentrales Innovationsmanagement	45
5.3	Verankerung der Innovationscluster in der Unternehmensorganisation.	46
5.4	Innovationskultur	48
6	**Wachstum durch Innovation**	49

Was Sie aus diesem *essential* mitnehmen können 51

Literatur. 53

Innovation ist kein Selbstzweck 1

Was Sie in diesem Kapitel finden können

- Herausforderungen traditioneller Industrieunternehmen
- Bedeutung eines strategischen Wertbeitrags aus der F&E
- Verständnis von Innovation und ihre Auswirkung auf die Zukunftsgestaltung eines Industrieunternehmens

Wie es der Name bereits sagt, ist der Aufstieg der sogenannten „Industrienationen" (G7) wie Deutschland, USA oder Japan im 20. Jahrhundert eng mit dem Wachstum technologischer Industrieunternehmen verknüpft. Über Jahrzehnte und oft mehrere Generationen hinweg wurde hier nach initialen Erfindungen das bestehende Produktprogramm optimiert und skaliert. So wurden nicht nur erfolgreiche Familienunternehmen und Konzerne geschaffen, sondern auch der Wohlstand ganzer Staaten und Regionen erhöht.

Doch die Vergangenheit birgt keine Erfolgsgarantie für die Zukunft. Geprägt durch Digitalisierung, Multipolarität, Nachhaltigkeit und hohe Unsicherheit hält das 21. Jahrhundert schon jetzt für diese etablierten Unternehmen ganz neue Herausforderungen bereit. Viele traditionelle Industrieunternehmen haben Schwierigkeiten, sich in diesem Umfeld zu behaupten und sind noch immer zu analog und starr unterwegs.

Höchste Zeit daher, traditionelle Industrieunternehmen in die Zukunft zu bringen! Viele etablierte Unternehmen haben hohe Marktanteile und profitables Geschäft und können auf bestehenden Stärken wie hohe Expertise in industriellen Prozessen und Materialwissenschaften, globale Vertriebs- und Zulieferernetzwerke und langjährige Kundenbeziehungen bauen. Doch heute sinkt die

© Der/die Autor(en), exklusiv lizenziert an Springer Fachmedien Wiesbaden GmbH, ein Teil von Springer Nature 2025
T. Smetana et al., *Innovation for Growth*, essentials,
https://doi.org/10.1007/978-3-658-47410-2_1

Halbwertszeit bestehender Wettbewerbsvorteile immer schneller und bedroht das zukünftige Überleben und Wachstum dieser erfolgreichen Unternehmen.

Um diese Herausforderungen zu adressieren und zukunftsfähig zu werden, genügt die bisherige Fokussierung auf bestehende (Nischen-)Märkte und die oft langwierige (Weiter-)Entwicklung hochtechnologischer Produkte nicht mehr. Stattdessen müssen die bestehenden Stärken etablierter Unternehmen zielgerichtet ergänzt und genutzt werden, um mit strategischer Innovation auch gänzlich neue Wettbewerbsvorteile für zukünftige Marktentwicklungen zu kreieren. Viele traditionelle Industrieunternehmen sind daher bereits in der Transformation – benötigen allerdings ein kontinuierlich anwendbares Managementsystem für strategische Innovation, um sich nicht nur einmalig oder punktuell, sondern langfristig und dauerhaft immer wieder anpassen zu können.

Dies zeigt sich beispielsweise bei ebm-papst als traditionellem Zuliefererunternehmen für Luft- und Heiztechnik. Dieses wurde 1963 zur Herstellung von Ventilatoren mit hocheffizienten Motoren gegründet. In diesem Markt konnte das Unternehmen durch Zukäufe und organisches Wachstum mit einem immer breiteren Produktportfolio an Ventilatoren im Jahr 2007 die Schwelle von einer Milliarde Euro Umsatz überschreiten. Nach dieser Phase relativ stabilen Wachstums bewältigte ebm-papst in den letzten Jahren erfolgreich zahlreiche strategische Anpassungen. So wurde bereits 2010 eine GreenTech-Strategie verabschiedet, um alle neuen Produkte im Hinblick auf Effizienz und Nachhaltigkeit zu optimieren. Ausländische Produktionsstätten wurden eröffnet, sowie eigene Vertriebsgesellschaften international ausgerollt. Gleichzeitig wurde der Anteil des Automobilgeschäfts bis zu dessen Einstellung im Jahr 2022 immer weiter reduziert, um sich auf neue Zukunftsmärkte zu fokussieren. Um diese angestoßene Transformation mit der kontinuierlichen Entwicklung neuer Wettbewerbsvorteile fortzusetzen, muss ebm-papst in der Lage sein, gezielt neue Markt-/Technologie-Kombinationen zu entwickeln, welche über das bestehende Kunden- und Produktportfolio hinaus gehen und damit neue Chancen und Risiken adressieren. Der Startpunkt für zukünftiges Wachstum im unsicheren und dynamischen Geschäftsumfeld liegt damit in der erfolgreichen Realisierung strategischer Innovation aus der Forschung & Entwicklung (F&E) des Unternehmens oder kurz: erfolgreichem „Innovation for Growth".

Die hohe Bedeutung eines strategischen Wertbeitrags aus der F&E für zukünftiges Überleben und Wachstum lässt sich auch leicht auf die meisten anderen traditionellen Industrieunternehmen, sowie weitere Branchen, übertragen. So bestätigte beispielsweise eine Studie des Beratungsunternehmens Strategy& bereits 2015, dass „Innovation heute ein Schlüsselfaktor für organisches Wachstum aller Unternehmen ist – unabhängig von ihrer Branche oder Region" [1]. Und auch in der wirtschaftswissenschaftlichen Forschung wird Innovation gemeinhin als entscheidende Aktivität für den Aufbau neuer Wettbewerbsvorteile angesehen [2]. Konsequenterweise steht Innovation daher auch immer wieder ganz oben auf der Vorstandsagenda. Im Jahr 2023 war dies für 79 % der Unternehmen eine Top 3-Priorität (nach 75 % in 2022) und 40 % erwarteten signifikante Mehrausgaben für Innovation bzw. F&E – 16 % mehr als nach der letzten globalen Rezession in 2009 [3]. Doch es geht nicht nur darum, dass Innovation vorangetrieben wird, sondern auch wie. Denn klassische Innovationsansätze wie die technologisch geprägte F&E entfalten immer weniger strategische Wirkung.

Trotz der gestiegenen Bedeutung von Innovation in Unternehmen und der Wirtschaft allgemein, glauben tatsächlich nur 30 % der Unternehmen, dass sie gut in Innovation sind [4].

„Eine unserer bemerkenswertesten Statistiken ist, dass 80 oder 90 % der Führungskräfte uns sagen, dass Innovation höchste Priorität hat, aber nur 6 % mit ihrer Innovationsleistung zufrieden sind. Diese Zahl hat sich seit fast einem Jahrzehnt nicht verändert."[5] (Erik Roth, Senior Partner, McKinsey)

Führungskräfte und Vorstände in Unternehmen sehen Innovation als eine Idee, die in neue physische oder virtuelle Produkte und Dienstleistungen überführt wird, welche angewendet werden und so auch wirtschaftliche Relevanz erreichen. Der daraus resultierende Kundenmehrwert und die Wertsteigerung des eigenen Unternehmens unterscheiden Innovationen von Erfindungen ohne strategischen Wertbeitrag und entscheiden letztlich auch über die Güte der Innovation. Diese offensichtliche Definition und Bedeutung der Innovation für zukünftiges Überleben und Wachstum der Unternehmen gerät in der Praxis aber aus den folgenden Gründen oft ins Wanken:

- **Unklare und/oder unspezifische Innovationsziele.** Innovation wird opportunistisch als Nice-to-have ohne konkrete Ziele betrachtet. Es erfolgt keine Herleitung oder Rückwärtsplanung der erforderlichen Innovationsbedarfe aus langfristig definierten Unternehmenszielen. Eine schlüssige Innovationsstrategie kann somit nicht aufgesetzt werden.
- **Unterschiedliche Erwartungen an Innovation.** Je nach Stakeholder bzw. abhängig vom Managementlevel gibt es unterschiedliche Erwartungen an Innovation. Historisch gewachsene Divisionen und mittleres Management fokussieren oft „inkrementelle" Innovationen, die auf Optimierung der Kernprodukte im Hinblick auf Performance und Kosten basieren und so kurz- bis mittelfristig Umsatz generieren. Neue Divisionen und tendenziell oberes

Management präferieren dagegen „radikale" bzw. „disruptive" Innovationen, um neue Geschäftsfelder zu generieren und die Wettbewerbsfähigkeit in neuem Marktumfeld sicherzustellen.

- **Verständnis der Innovation als Technologie-Push.** Innovation wird insbesondere in traditionellen Industrieunternehmen stark an physische, technologische Produkte gebunden. Dienstleistungen z. B. mit digitalen Lösungen oder neue Geschäftsmodelle werden in Folge nicht systematisch betrachtet oder entwickelt. Da die physischen Produkte in F&E Abteilungen entwickelt werden, liegt der Innovationsfokus auf neuen Technologien, die Produktfunktionalität und Performance verbessern. Andere Unternehmensfunktionen wie Unternehmensstrategie, Geschäftsentwicklung, Vertrieb oder Logistik werden in den Innovationsprozess nur unzureichend eingebunden oder sogar komplett ausgeschlossen, wodurch damit verbundene weitere Innovationspotenziale unerschlossen bleiben.
- **Unklare Nutzung von „Open Innovation".** Gerade F&E-Abteilungen neigen dazu, Innovation als eine rein interne Angelegenheit zu betrachten. Mögliche strategische Partnerschaften werden somit kaum oder zu spät betrachtet. Das obere Management dagegen sieht Investitionen in Start-ups als ein Allheilmittel für den ausbleibenden internen Innovationschub. Doch obwohl eine enge Zusammenarbeit mit Start-ups in vielen Fällen sinnvoll und zielführend ist, kann sie eine fehlende Innovationsstrategie im Unternehmen nicht ersetzen.
- **Fehlender Innovationsfokus und fehlende Priorisierung.** Manche gut gemeinten Innovationsoffensiven verfehlen ihre Wirkung, weil weder klare Unternehmensziele noch Innovationsstrategien im Vorfeld festgelegt wurden. Eine Ideation ohne Fokus generiert eine Masse an heterogenen Ideen, die den Innovationstrichter verstopfen und in Folge der unsortierten Bearbeitung zu Ressourcenerschöpfung führen können. Erschwerend kommt dazu die fehlende Bereitschaft, bereits laufende Innovationsprojekte, die offensichtlich keine Marktakzeptanz finden werden, konsequent abzubrechen.

Zusammenfassend zeigt sich, dass Innovation allzu oft als Selbstzweck gesehen wird. Aber welcher strategische Beitrag erreicht werden soll und mit welchem Fokus das gelingen kann, bleibt unbeantwortet. So bleibt Innovation ein Nice-to-have ohne strategische Wirkung, auf die man zählen kann. Wenn Wettbewerbsvorteile wie beschrieben aber immer schneller obsolet werden und Unternehmen mit immer mehr Veränderungen in immer schnellerer Abfolge konfrontiert werden, darf Innovation kein Selbstzweck mehr sein. Stattdessen müssen

Innovationsaktivitäten einen klaren strategischen Wertbeitrag leisten und so zum Must-have werden.

Praxiskommentar

Amy Chen, Chief Innovation Officer, KONE
Als weltweit führendes Unternehmen in der Aufzugs- und Rolltreppenindustrie bewegt KONE täglich zwei Milliarden Menschen. Mit dem Ziel, die Zukunft der Städte zu gestalten, ist KONE in über 60 Ländern weltweit tätig und beschäftigt mehr als 60.000 Mitarbeiter. Im Jahr 2024 erwirtschaftete das Unternehmen einen Jahresumsatz von 11,1 Mrd. Euro.

„Bei KONE leite ich ein engagiertes Innovationsteam innerhalb von KONE Technology & Innovation. Wir betrachten Innovation jedoch nicht als Selbstzweck, sondern vielmehr als Mittel zur Schaffung zukünftiger Geschäftsmöglichkeiten. Innovation kann daher nicht nur aus einer technologischen Perspektive gedacht werden, sondern muss immer den Markt und den Kunden einbeziehen.

Dies beginnt bei den Menschen. In traditionellen Industrieunternehmen herrscht oft noch der Glaube vor, dass genügend Ingenieure automatisch zu ausreichender Innovation führen. Mein Team besteht nicht nur aus Ingenieuren, sondern 30 % sind bewusst als Service-Designer, Business-Designer und Business-Developer ausgewählt – und ich selbst komme aus der Betriebswirtschaft. Technologie ist selten das Problem. Ingenieure können in der Regel Lösungen für jedes relevante Kundenproblem finden. Wenn Innovation jedoch rein technologiegetrieben ist, kann der Fokus auf die wichtigsten Möglichkeiten aus Kunden- und Marktsicht verloren gehen. Indem wir in funktionsübergreifenden Teams zusammenarbeiten, schaffen wir durch die Anwendung neuer Technologien neue und relevante Geschäftsfelder.

Um dies gezielt zu erreichen, ist ein klarer Fokus entscheidend. Theoretisch könnte Innovation alle möglichen Themen abdecken, aber die Ressourcen reichen nie aus. Bei KONE haben wir bis zu fünf Fokusbereiche definiert, die sowohl auf Kundenbedürfnissen als auch auf den Geschäftsstrategien basieren. Innerhalb jedes Fokusbereichs halten wir ein Portfolio von frühen Konzepten vor, um sicherzustellen, dass einige davon letztendlich erfolgreich sein werden.

Schnelligkeit ist ein weiteres Schlüsselelement, wenn es darum geht, durch Innovation echte Wirkung zu erzielen. Wie schnell können wir eine Idee in ein Minimum Viable Product umwandeln? Und wie schnell können wir vom ersten Kunden zu den ersten 10 Kunden und dann zur Skalierung übergehen? Auf der einen Seite brauchen wir Menschen, die in der Lage sind, unter unsicheren

Bedingungen neue Wege zu finden und zu beschreiten. Andererseits ist es von entscheidender Bedeutung, die Interessengruppen und potenziellen „Sponsoren" für die spätere Umsetzung so früh wie möglich einzubeziehen. Je klarer der Beitrag zum künftigen Geschäft ist, desto einfacher wird dieser Prozess – und desto größer ist unsere Fähigkeit zur Umsetzung und Skalierung. Die Zusammenarbeit mit anderen Abteilungen wie Forschung & Entwicklung sowie mit externen Partnern wie Universitäten, Start-ups und Marktpartnern ermöglicht es uns, mit begrenzten Ressourcen mehr zu erreichen."

Dynamische Fähigkeiten für strategische Innovation

2

Was Sie in diesem Kapitel finden können

- Ambidextrie zur Kombination von Exploitation und Exploration
- Übersicht der fünf dynamischen Fähigkeiten zur strategischen Innovation
- Bewertung der dynamischen Fähigkeiten im Unternehmen

In relativ stabilen Umfeldern, wie sie in vielen traditionellen Branchen im 20. Jahrhundert üblich waren, reichte es aus, das Produktportfolio schrittweise weiterzuentwickeln und zu optimieren. In den heutigen dynamischen und unsicheren Umfeldern müssen jedoch neben der Optimierung und Ausnutzung des Kerngeschäfts auch gezielt neue Wettbewerbsvorteile entwickelt werden, um kontinuierlich neue Chancen und Risiken zu adressieren. Dafür werden jedoch andere Prozesse, Methoden und Entscheidungslogiken benötigt. Die Ausnutzung bestehender Wettbewerbsvorteile gelingt mit Optimierung, Effizienz, Exzellenz und Skalierung – also genau den Stärken traditioneller Industrieunternehmen. Die Entwicklung neuer Wettbewerbsvorteile benötigt jedoch Agilität, Flexibilität, Innovation und Iteration – was den traditionellen Stärken oft diametral gegenübersteht [6]. Beides unter einen Hut zu bekommen, um gleichzeitig bestehende Wettbewerbsvorteile auszunutzen (exploitation) und neue Wettbewerbsvorteile zu entwickeln (exploration) wird als „Ambidextrie" (Beidhändigkeit) bezeichnet [7]. Um diese zu erreichen, muss das Management es schaffen, die Ressourcen zwischen Exploitation und Exploration optimal zu verteilen, und neue Chancen und Risiken gezielt zu adressieren. Dies gelingt mit der Etablierung und Anwendung fünf sogenannter „dynamischer" Fähigkeiten im Unternehmen und der dazugehörigen Organisation und Kultur als Enabler. Mit diesen wird strategische Innovation effektiv und effizient von den strategischen Zielen bis zum skalierbaren zukünftigen Geschäft umgesetzt und so ein relevanter strategischer Wertbeitrag zur kontinuierlichen Anpassung und Erneuerung des Unternehmens geleistet.

- *Scoping:* Definition des strategischen Handlungsrahmens
- *Configuring:* Priorisierung strategischer Innovationsprojekte & bekannter Innovationspotenziale
- *Sensing:* Identifizierung & Auswahl neuer Innovationspotenziale
- *Seizing:* Entwicklung und Validierung konkreter Lösungen für ausgewählte Innovationspotenziale
- *Transforming:* Umsetzung und Skalierung ausgewählter Lösungen
- *Enabler:* Befähigende Kompetenzen und Kultur

Für die Etablierung der dynamischen Fähigkeiten zur strategischen Innovation im Unternehmen kann als Ausgangsanalyse eine Selbsteinschätzung durchgeführt werden. Für dieses „Dynamic Capability Assessment" bietet sich die Nutzung eines dedizierten Fragebogens an, der die Fähigkeiten in spezifischere Aussagen aufsplittet, um deren aktuelle Ausprägung einzeln und differenziert einzuschätzen (Abb. 2.1). Abhängig vom Ergebnis können dann die weniger ausgeprägten Fähigkeiten gezielt entsprechend der im nächsten Kapitel vorgestellten organisatorischen Maßnahmen entwickelt werden.

2 Dynamische Fähigkeiten für strategische Innovation

	Configuring	Dynamische Fähigkeiten			Enabler
Scoping Definition des strategischen Handlungsrahmens	**Configuring** Priorisierung strategischer Innovationsprojekte & bekannter Innovationspotenziale	**Sensing** Identifizierung & Auswahl neuer Innovationspotenziale	**Seizing** Entwicklung und Validierung konkreter Lösungen für ausgewählte Innovationspotenziale	**Transforming** Umsetzung und Skalierung ausgewählter Lösungen	**People & Culture** Befähigende Kompetenzen und Kultur
Es besteht ein klarer **strategischer Rahmen** (Vision/Mission/Strategie) in welchem die Innovationseinheit/-funktion agiert	Es besteht ein aktueller, gesamtheitlicher Überblick über das **Portfolio bestehender Innovationsprojekte**	Zur Identifizierung neuer Innovationspotenziale werden systematisch **externe Faktoren** erfasst und analysiert (z.B. Markt, Kunde, Wettbewerb, Technologien, Ökosystem)	Ausgewählte Innovationspotenziale werden **tiefergehend analysiert** (z.B. Kundenbedürfnisse, Lösungsansätze)	Ausgewählte Lösungen werden mit **passenden Prozessen** erfolgreich **umgesetzt** (z.B. Agil, Wasserfall)	Die benötigten **personellen Kompetenzen zur Adressierung** aktueller Chancen und Risiken des Unternehmens sind vorhanden
Der erwartete strategische **Wertbeitrag** der Innovationseinheit/-funktion ist definiert und durch konkrete Leistungsindikatoren **(KPIs)** operationalisiert	Es besteht ein aktueller, gesamtheitlicher Überblick über das **Portfolio bekannter Innovationspotenziale**	Zur Identifizierung neuer Innovationspotenziale werden systematisch **interne Faktoren** erfasst und analysiert (z.B. Kompetenzen, Ressourcen, Prozesse, Strukturen)	Zur Adressierung ausgewählter Innovationspotenziale werden systematisch **konkrete Lösungen** entwickelt (z.B. spezifische Produkte, Prozesse, Geschäftsmodelle)	Notwendige **Prozesse, Ressourcen und Kompetenzen** zur Umsetzung neuer Lösungen stehen nach Bedarf intern oder extern zur Verfügung	Die **Unternehmens- und Führungskultur** unterstützt die Adressierung aktueller Chancen und Risiken des Unternehmens
Es besteht ein aktuelles und ganzheitliches Verständnis zukünftiger **Chancen und Risiken** für das Unternehmen	Das **Portfolio** bestehender Innovationsprojekte und bekannter Innovationspotenziale wird anhand strategischer KPIs systematisch **bewertet** und **priorisiert**	Aus der Kombination relevanter interner und externer Faktoren werden systematisch **neue Innovationspotenziale** abgeleitet (z.B. potenzielle Produkte, Prozesse, Geschäftsmodelle)	Entwickelte Lösungen werden evidenzbasiert **erprobt** und kundenzentriert **iteriert** (bzgl. Umsetzbarkeit, Attraktivität, Wirtschaftlichkeit, Nachhaltigkeit)	Notwendige **organisatorische Anpassungen** zur Umsetzung ausgewählter Lösungen werden mit klaren Verantwortlichkeiten schnell entschieden und umgesetzt	Es besteht eine hohe **Arbeitszufriedenheit** in der Innovationseinheit/-funktion
Zur Erreichung des strategischen Wertbeitrags sind konkrete **strategische Fokusfelder** für Innovation definiert	Ressourcen für Innovationsprojekte und -potenziale werden entsprechend der aktuellen Portfolio-Priorisierung agil **angepasst**	**Neue Innovationspotenziale** werden anhand strategischer KPIs systematisch **ausgewählt** und weiterer Entwicklung **ausgewählt**	**Validierte Lösungen** werden anhand strategischer KPIs **bewertet** und zur Umsetzung **ausgewählt**	Die Organisation ermöglicht eine erfolgreiche **Skalierung** neuer Lösungen	Es besteht eine hohe **Arbeitsleistung** in der Innovationseinheit/-funktion

Abb. 2.1 Dynamic Capability Assessment. (Quelle: venture.idea)

Strategisches Innovationsmanagementsystem zur Etablierung und Anwendung dynamischer Fähigkeiten

3

Was Sie in diesem Kapitel finden können

- Bedeutung von Innovationsstrategie- und Innovationsentwicklungsprozess
- Systematik von Innovationsreifegraden (IRL)
- Exkurs zum Innovationsportfoliomanagement

Die organisatorischen Maßnahmen zur Etablierung und Anwendung dynamischer Fähigkeiten für strategische Innovation umfassen spezifische Prozesse, Strukturen, Skills und Mechanismen, welche im Zusammenspiel als Innovationsmanagementsystem agieren. Solche Systeme, wie sie beispielsweise auch von der ISO Guideline 56002 [8] definiert werden, sorgen für ein strukturiertes und wiederholbares Vorgehen unter Berücksichtigung aller notwendigen organisatorischen Elemente für strategische Innovation.

Kern eines solchen Systems sind die in Abb. 3.1 dargestellten Schritte eines systematischen Innovationsprozesses, welche durch passende Ausgestaltung der Organisation als Enabler befähigt werden. Der generelle Prozess beruht auf langjähriger wissenschaftlicher Forschung und anwendungsorientierter Entwicklung der Managementberatung venture.idea und ist hier spezifisch auf die Anforderungen von Erfahrungen aus der Praxis traditioneller Industrieunternehmen angepasst [9]. Dieser Innovationsprozess setzt sich aus zwei Phasen – aus der Innovationsstrategie und der Innovationsentwicklung – zusammen.

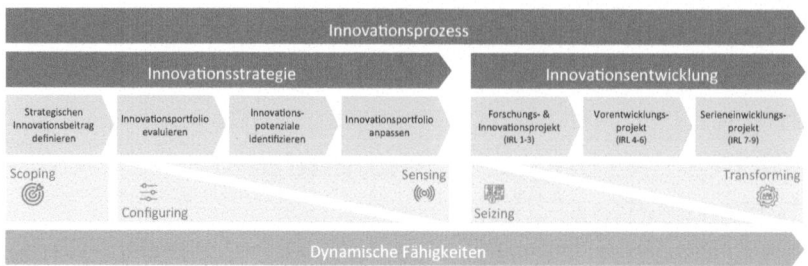

Abb. 3.1 Systematischer Innovationsprozess mit dynamischen Fähigkeiten. (Quelle: Autoren)

3.1 Innovationsentwicklungsprozess

Die **Innovationsentwicklung** in traditionellen Industrieunternehmen ist gemeinhin bereits bekannt und beispielsweise im Rahmen des sogenannten „Produktentstehungsprozesses" (PEP) fest verankert, wobei der Fokus hier oft auf Serienentwicklung gelegt wird. Sinnvoller ist es jedoch, die Innovationsentwicklung in drei Projektphasen abzubilden: Forschungs- und Innovationsprojekt (FIP), Vorentwicklungsprojekt (VEP), Serienentwicklungsprojekt (PEP). Die Einstufung in die jeweilige Projektphase erfolgt dabei klassischerweise nach den in Industrie- und Technologieunternehmen etablierten Technologiereifegraden (Technology Readiness Level, TRL). Um „Innovation for Growth" mit strategischem Wertbeitrag zu ermöglichen ist es empfehlenswert, diese Logik zu erweitern und sogenannte Innovationsreifegrade (Innovation Readiness Level, IRL) zur Einstufung in die jeweiligen Projektphasen bzw. Bestimmung des Fortschritts zu verwenden [10]. Diese ergänzen die klassischen Technologiereifegrade (TRL) um Markt- (Market Readiness Level, MRL) und Geschäftsreifegrade (Business Readiness Level, BRL). Im Detail sind hier verschiedene Ausgestaltungen möglich, das Grundprinzip bleibt aber das gleiche. Neben dem Fortschritt der Technologie wird so immer auch der Fortschritt in Bezug auf das eruierte Markt- und Geschäftspotenzial gemessen. Indem hier dann die jeweils niedrigste Stufe die Einordnung in den Innovationsreifegrad vorgibt, wird ein reiner Technologie-Push ebenso verhindert wie ein reiner Market-Pull und die Betrachtung aller relevanten Aspekte der Innovationsentwicklung im Sinne von Attraktivität (durch MRL), Wirtschaftlichkeit (durch BRL) und Umsetzbarkeit (TRL) wird forciert. So können Innovationsentwicklungsprojekte mit IRL 1–3 als „FIP", IRL 4–6 als „VEP" und IRL 7–9 als „PEP" eingeordnet werden und entsprechend jeweils in die nächste Projektphase rutschen, wenn in *allen* Reifegraden die notwendige Stufe erreicht wurde. Abgesehen von diesen empfohlenen Abgrenzungen nach Innovationsreifegraden sind die dynamischen Fähigkeiten „Seizing" und „Transforming" in Industrieunternehmen tendenziell bereits stärker ausgeprägt, welche bis dato ausreichten. Schließlich war die damit stattfindende Produktweiterentwicklung nach Kundenlastenheft mit nachfolgender Industrialisierung bisher die Garantie für ein profitables Wachstum. Auch wenn es hier oftmals noch Ausbaupotenzial gibt, um diese Fähigkeiten kundenzentrierter, agiler und digitaler zu gestalten und so auch die Markt- und Geschäftsreifegrade systematisch zu bearbeiten, werden diese in diesem Werk nicht nochmals im Detail beschrieben, da es für strategische Innovation entscheidender ist, „was" entwickelt wird, als „wie" es entwickelt wird. Dieses „Was" muss aber bereits vor dem Innovationsentwicklungsprozess definiert werden.

3.2 Innovationsstrategieprozess

Der etablierte klassische Innovationsprozess beginnt meist mit einem bestehenden Innovationspotenzial oder einer *Ideation,* d. h. mit Generierung und Ansammlung von internen und externen Ideen, die im Nachhinein über Aufwand-Nutzen und Chancen-Risiken Bewertungen evaluiert und priorisiert werden. Er beantwortet aber nicht die Frage, wie neue strategische Innovationspotenziale *systematisch* entstehen und das „was" strategisch definiert wird. Die dazu notwendige Innovationsstrategie, d. h. die vorgelagerte Phase vor der eigentlichen Innovationsentwicklung, ist in vielen Industrieunternehmen entsprechend wenig ausgeprägt und prozessual oftmals unzureichend abgebildet. Daher liegt der Schwerpunkt dieses Buches auf der Etablierung und Anwendung der dazu notwendigen „Scoping", „Configuring", und „Sensing"-Fähigkeiten (siehe Kap. 4).

Dazu beginnt der Innovationsstrategieprozess mit der Definition des Innovationsbedarfs bzw. der *Innovationsziele,* welche aus der sogenannten Wachstumslücke des Unternehmens quantifiziert werden (Scoping). Aus den Markt- und Technologietrends unter Berücksichtigung der Unternehmensstrategie wird der zukünftige Innovationsfokus in Form sogenannter *Innovationscluster* festgelegt, welche auch die Struktur einer zukünftigen Projektorganisation vorgeben kann. Im nächsten Schritt wird in den jeweiligen Innovationsclustern ein *Innovationsportfolio* erarbeitet [11]. Das Portfolio wird dabei in einer Markt-Technologie Matrix mit bestehenden Innovationspotenzialen und -projekten zusammengestellt und anhand strategischer Ziele bewertet (Configuring). In einer engen interdisziplinären Zusammenarbeit zwischen Divisionen, Funktionen und Regionen werden dann neue *Innovationspotenziale* identifiziert (Sensing), wobei in dieser Phase der Portfoliogedanke wichtiger ist als eine detaillierte Betrachtung einzelner Produktideen. Zum Abschluss werden diese identifizierten Innovationspotenziale evaluiert und im Zusammenspiel mit den bereits bestehenden Innovationsprojekten priorisiert und ausgewählt, d. h. das *Innovationsportfolio angepasst*. Auf dieser Basis können notwendige Kompetenz-, Ressourcen- und Budgetbedarfe inkl. strategischer Partnerschaften freigegeben werden. Abweichend von der hier linearen Darstellung ist der Prozess in der Praxis allerdings iterativ und kombiniert so Technologie-Push (neue Erfindungen) mit Market-Pull (neue Bedürfnisse) zur Entwicklung neuer Wettbewerbsvorteile.

Von strategischen Zielen zum optimierten Innovationsportfolio

4

Was Sie in diesem Kapitel finden können

- Schritte eines systematischen Innovationsstrategieprozesses
- Methoden & Tools zur Definition des Innovationsbeitrags, Evaluierung und Anpassung des Innovationsportfolios, und Generierung neuer Innovationspotenziale
- Einsatz der Markt-Technologie-Matrix und eines agilen Portfolio-Frameworks zum Innovationsportfoliomanagement

Systematisch Innovationsziele neu festzulegen *(Scoping)*, das Innovationsportfolio danach zu steuern *(Configuring)* und gezielt mit neuen Geschäftsfeldern für zukünftige Marktanforderungen zu erweitern *(Sensing)* sind Fähigkeiten, die bis dato in vielen erfolgreichen Industrieunternehmen mit reifem Produktportfolio, bekannten Marktsegmenten und etabliertem Kundenkreis sowie mit abgesichertem Wachstum nicht zwingend erforderlich waren. Daher wird nachfolgend auf die einzelnen Schritte des Innovationsstrategieprozesses näher eingegangen, die es erlauben, diese Fähigkeiten aufzubauen bzw. zu verbessern und zu systematisieren. Im Anschluss wird der „Enabler" People & Culture betrachtet, welcher die Organisation mit den notwendigen Strukturen, Schnittstellen, Arbeits-/Führungsstilen und Kompetenzen erst dazu befähigt, die etablierten dynamischen Fähigkeiten auch tatsächlich anzuwenden (siehe Kap. 5).

© Der/die Autor(en), exklusiv lizenziert an Springer Fachmedien Wiesbaden GmbH, ein Teil von Springer Nature 2025
T. Smetana et al., *Innovation for Growth*, essentials,
https://doi.org/10.1007/978-3-658-47410-2_4

4.1 Innovationsbeitrag definieren

Um im Sinne von „Innovation for Growth" mit Innovation einen Beitrag zur zukünftigen Unternehmensentwicklung leisten zu können, muss dieser gemeinsam mit den entscheidenden Stakeholdern (in der Regel das Top Management Team) zunächst klar definiert werden. Ein definierter Innovationsbeitrag mit strategischem Fokus, operationalisiert durch strategische Leistungskennzahlen (Key Performance Indicators, KPIs) hat das Ziel, ein einheitliches Verständnis zu schaffen und zu kommunizieren, worauf hingearbeitet werden soll. In allen folgenden Innovationsaktivitäten hilft ein solcher strategischer Rahmen dabei, trotz Unsicherheit strategisch vorgehen zu können und zeitaufwendige subjektive Diskussionen zu vermeiden. Selbst wenn bereits eine Unternehmensstrategie vorhanden ist, lohnt es sich, diese im Hinblick auf den notwendigen Innovationsbeitrag zu spezifizieren. Damit sind dann auch die Anforderungen an die sogenannte „Scoping"-Fähigkeit erfüllt (Abb. 2.1):

4.1.1 Strategische Ziele für Innovation

Strategische Innovation kann nur dann effektiv und effizient umgesetzt werden, wenn die Innovationsbedarfe gesamteinheitlich geplant werden. Die Abkehr vom opportunistischen Innovationsansatz der zufälligen Ideengenerierung hin zur geplanten Innovation mit strategischem Wertbeitrag verlagert den Verantwortungsschwerpunkt für eine durchgängige Innovationsstrategie von der F&E zur Unternehmensstrategie, zu Divisionen und zu Regionen. Aufgrund der Interessenskonflikte zwischen den tendenziell kurz- bis mittelfristigen Geschäftsstrategien im bestehenden Kerngeschäft und der langfristigen Unternehmensstrategie ist es zwingend erforderlich, eine gemeinsame Diskussions- und Entscheidungsbasis zu schaffen, die eine Festlegung strategischer Innovationsziele im Sinne von „Innovation for Growth" im bestehenden und zukünftigen Geschäft unterstützen.

Strategische Innovationsziele richten sich entsprechend auch nach den generellen strategischen (Wachstums-)Zielen des Unternehmens aus. Entsprechend können sie finanzielle Ziele wie Umsatzwachstum, Rentabilität oder Unternehmenswert umfassen, aber auch „weichere" Ziele wie Mitarbeiterzufriedenheit, Kundenzufriedenheit oder auch ökologische Nachhaltigkeit. Alle Ziele werden in der Regel gemeinsam von der F&E und der Unternehmensstrategie mit dem Gesamtvorstand bzw. den Regionen und Divisionen festgelegt und eindeutig gerankt. Hier können die ausgewählten Ziele dann auch in geeignete

4.1 Innovationsbeitrag definieren

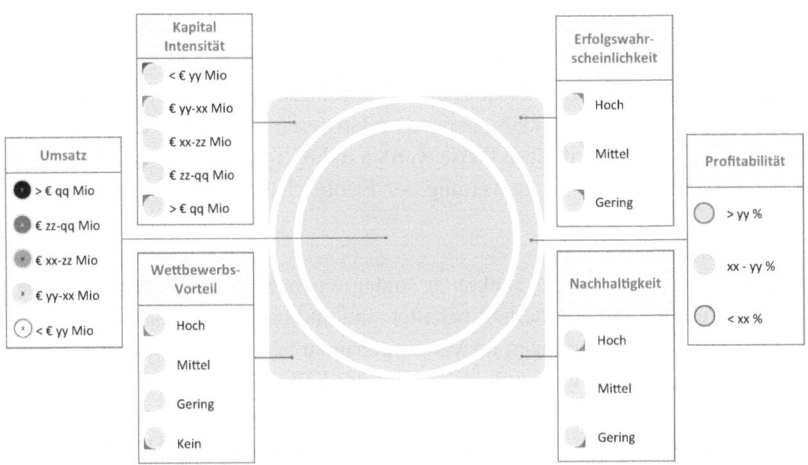

Abb. 4.1 Beispiel strategischer KPIs zur Bewertung des Innovationsportfolios. (Quelle: Autoren)

Leistungsindikatoren (KPIs) als Bewertungskriterien für das Innovationsportfolio überführt werden. Ein Beispiel ist in Abb. 4.1 mit folgenden KPIs aufgeführt:

- **Jährlicher Umsatz** gibt an, wieviel Umsatz durch eine neue Lösung fünf Jahre nach dem Start der Serienproduktion (Start of Production, SOP) erzielt werden soll
- **Durchschnittliche Profitabilität** beschreibt, wieviel Marge eine neue Lösung fünf Jahre nach SOP haben soll
- **Kapitalintensität** beschreibt die Summe aller notwendiger Kosten und Investitionen für die Produktentwicklung und den Aufbau der Produktion bis SOP (da alle Produktions- und Betriebskosten im Anschluss bereits in der Profitabilität berücksichtigt sind)
- **Nachhaltigkeitsindikator** gibt eine Einschätzung des CO_2-Fußabdrucks sowohl in Bezug auf Material- und Produktion als auch in der Nutzungsphase (inkl. Kreislaufwirtschaft) an und basiert hier auf einer qualitativen Bewertung im Vergleich zu bekannten, sogenannten Referenzprodukten
- **Wettbewerbsvorteil** bietet eine qualitative Einschätzung möglicher Alleinstellungsmerkmale (Unique Selling Points, USPs) unter Berücksichtigung des gesamten Wettbewerbsumfelds, indem bewertet wird, wie relevant Kundenbedarfe im Markt sind und wieviel besser diese durch die neue Lösung im Gegensatz zu bestehenden Lösungen im Markt erfüllt werden können.

- **Erfolgswahrscheinlichkeit** Zur „Triangulation" der o.g. KPIs hat es sich bewährt, dass auch die Erfolgschancen im Hinblick auf Attraktivität im Markt, Wirtschaftlichkeit und Umsetzbarkeit bewertet werden, um andere Bewertungen unter Umständen nochmals relativieren und so für Einheitlichkeit sorgen zu können. Auf diese Weise werden indirekt auch inhärente Risiken abgefragt, da diese für die Bewertung der Erfolgschance berücksichtigt werden müssen.

Oftmals verwundern solche konkreten strategischen KPIs, da Innovationen per Definition mit hoher Unsicherheit behaftet sind und es entsprechend schwerfällt, die Ergebnisse neuer Lösungen im Voraus genau zu beziffern. Aus diesem Grund wird die Bewertung hier vereinfacht, indem die KPIs die inhärente Unsicherheit durch vereinfachte Skalen widerspiegeln, statt absolute Werte anzugeben. So können laufende Innovationsprojekte bzw. neue Innovationspotenziale entsprechend ihrer Annahmen (auf Basis bereits vorhandener Daten) in die entsprechenden Skalenbereiche eingeordnet werden. So lässt sich insbesondere im (Paar-)Vergleich zwischen verschiedenen Innovationsprojekten bzw. -potenzialen in der gemeinsamen Diskussion gemeinhin eine gute „Guesstimation" erzielen, welche den aktuellen Informationsstand und Status der Einschätzung transparent macht.

4.1.2 Strategischer Wertbeitrag

Die verabschiedeten strategischen Ziele dienen nicht nur als Grundlage zur Operationalisierung von KPIs für die spätere Bewertung des Innovationsportfolios. Mit absoluten Werten versehen können sie auch den gesamten Innovationsbedarf (und somit den notwendigen Wertbeitrag des Innovationsportfolios) bestimmen. Dieser ergibt sich aus der möglichen Lücke zwischen den strategischen Zielen und den bereits geplanten Geschäftsaktivitäten sowie den strategischen Aktivitäten des Unternehmens. Entsprechend liegt der erste Schritt in der Bestimmung des Innovationsbeitrags in der Ermittlung der sogenannten strategischen (Wachstums-)Lücke, die sowohl auf der Unternehmens- als auch auf der divisionalen Ebene gut prognostiziert werden kann. Am einfachsten gelingt dies, wenn als wichtiges Innovationsziel zukünftiger (profitabler) Umsatz betrachtet wird, wie in Abb. 4.2 dargestellt. Hier werden zunächst schematisch Umsätze über die kommenden Jahre hinweg prognostiziert. Da das aktuelle Seriengeschäft mittelfristig abnimmt, müssen neue Kundenaufträge initiiert werde. Im Diagramm wurde zwischen bereits nominierten, gebuchten Aufträgen (Letter of Notification, LoN)

4.1 Innovationsbeitrag definieren

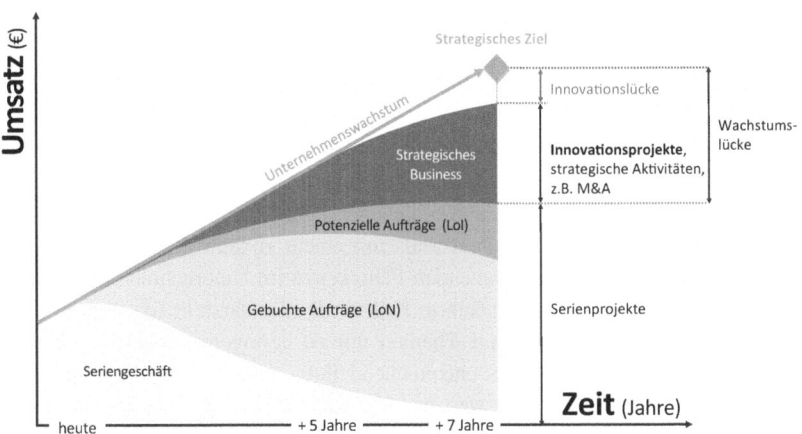

Abb. 4.2 Bestimmung strategischer Lücke. (Quelle: Autoren)

und potenziellen Aufträgen aus der Kundenakquise (Letter of Intent, LoI) unterschieden. Sowohl das Seriengeschäft als auch die laufenden Aufträge basieren auf vorhandenen Produkten bzw. Serienprojekten und die Umsatzentwicklung kann mit bekannten Wahrscheinlichkeiten erfasst werden. Das strategische Business ergibt sich dagegen aus bereits abgeschätzten zukünftigen Umsätzen von strategischen Aktivitäten wie beispielsweise geplanten Unternehmensakquisitionen, die dann noch verbleibende strategische Lücke beschreibt den Innovationsbedarf, welcher u. A. durch Innovationsaktivitäten adressiert werden kann.

Die aufgetragenen erwarteten Umsätze über Zeitverlauf werden dann mit dem strategischen Umsatzziel verglichen. Dieses wird in der Regel aus einem Wachstum der relevanten Vergleichsmärkte abgeleitet, wobei man verschiedene Szenarien mit und ohne zusätzliche Wachstumsambitionen betrachten kann. Der Zeithorizont sollte insbesondere im Fall einer Businesstransformation 7–10 Jahre betragen.

Wenn diese Delta-Analyse zu dem Ergebnis führt, dass die strategischen Ziele nicht vollständig erreicht werden, liegt eine strategische Lücke vor. Der Innovationsbeitrag liegt nun darin, diese strategische Lücke (bzw. einen Teil davon) zu schließen, indem ein Innovationsportfolio mit ausreichendem Gesamtpotenzial (unter Berücksichtigung der Erfolgswahrscheinlichkeiten) entwickelt wird. Falls keine strategische Lücke besteht, ist dies kein Grund die Innovationstätigkeiten einzustellen. Stattdessen kann dann eine höhere strategische Ambition gesetzt werden, um Innovation vom Nice-to-have zum Must-have zu machen.

4.1.3 Chancen und Risiken

Als Grundlage für die Entwicklung eines Innovationsportfolio zur Adressierung der definierten strategischen Lücke bzw. Ambition sollten die relevantesten Chancen und Risiken des Unternehmens im Hinblick auf Markt- und Technologieveränderungen dienen. Diese ergeben sich, indem Trends identifiziert und im Hinblick auf zukünftige Marktpotenziale und bestehende Fähigkeiten im Unternehmen eingeordnet werden. Dabei sind alle Trends mit einem zukünftigen Marktpotenzial, welches höher liegt als die bestehenden Fähigkeiten im Unternehmen, als Chance einzuordnen, während der umgekehrte Fall ein Risiko darstellt (da hier zu viele Fähigkeiten bzw. Ressourcen auf Themen mit zu geringem zukünftigen Marktpotenzial liegen). Wenn Trends entsprechend ihres zukünftigen Marktpotenzials mit passenden Fähigkeiten adressiert werden, liegt ein strategischer Fit vor, in den beiden anderen Fällen muss entschieden werden, ob die Chancen bzw. Risiken durch passende (Innovations-)Maßnahmen adressiert werden sollen.

4.1.4 Strategische Fokusfelder als „Innovationscluster"

Die ausgewählten einzelnen Chancen bzw. Risiken können geclustert werden, um strategische Fokusfelder abzuleiten, welche eine grundsätzliche Richtung für die Schwerpunkte bei der Entwicklung des Innovationsportfolios vorgeben. Diese ergänzen damit den eher abstrakt definierten Innovationsbeitrag in Bezug auf die strategischen Ziele des Unternehmens um konkrete inhaltliche Handlungsräume, zu welchen Innovationen beitragen sollen und ermöglichen so einen späteren strategischen Fit zur Unternehmens- und Marktentwicklung.

Als Beispiel wurden in Abb. 4.3 strategische Fokusfelder als sogenannte „Innovationscluster" definiert. Da diese auf den ausgewählten Chancen/Risiken basieren, berücksichtigen sie unterschiedliche Aspekte wie zukünftige Markt- und Technologietrends und deren erwarteten Veränderungen, aktuelle und gewünschte Marktposition, bereits vorliegende Kernkompetenzen sowie Unternehmenskultur- und Werte. Zentrale Rolle für die Auswahl spielen zudem der Grad der notwendigen Business- bzw. technologischen Transformation sowie die Höhe der verfügbaren Mittel und die Bereitschaft, diese auch langfristig zu investieren. Eine Freigabe der gewählten Innovationscluster durch den Vorstand ist somit im Normalfall erforderlich.

Diese Innovationscluster werden für den Innovationsfokus durch die nachfolgende Entwicklung und Ausrichtung des Innovationsportfolios bedient, um die festgelegten strategischen Ziele für Innovation zu erfüllen. Somit ergibt sich aus

4.1 Innovationsbeitrag definieren

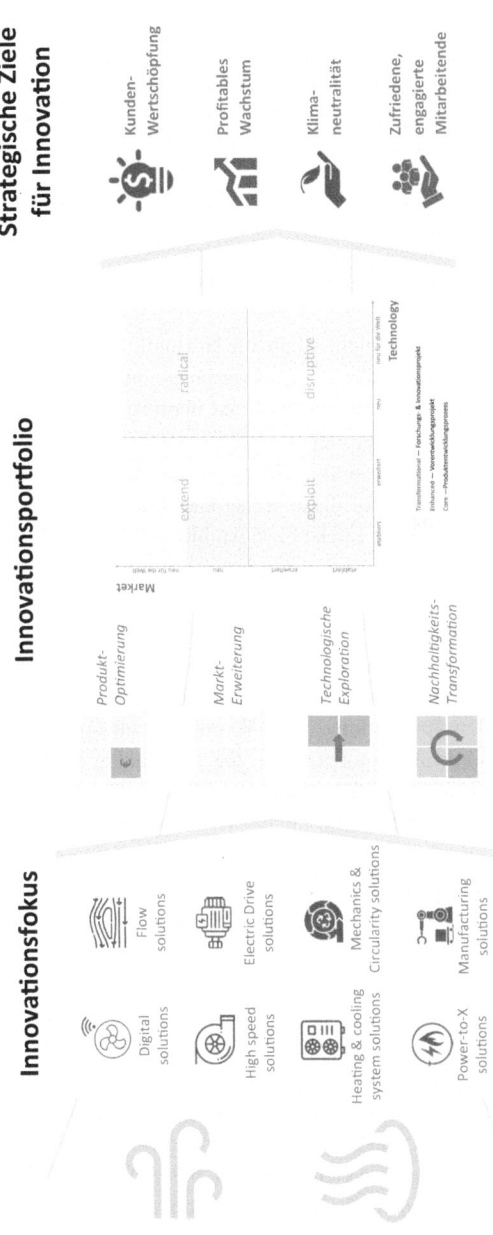

Abb. 4.3 Innovation-for-Growth Zielbild mit Innovationsclustern bei ebm-papst. (Quelle: Autoren)

den beschriebenen ersten Schritten ein gesamtheitlicher strategischer Rahmen, welcher den Innovationsbeitrag spezifiziert. Entsprechend visualisiert und kommuniziert dient es gemeinsam mit den operationalisierten KPIs für die Bewertung des Innovationsportfolios als Grundlage für eine kohärente Entscheidungsfindung im Unternehmen im weiteren Verlauf des Innovationsstrategieprozesses und auch des nachfolgenden Innovationsentwicklungsprozesses.

4.2 Innovationsportfolio evaluieren

Traditionelle Industrieunternehmen haben im Normalfall bereits laufende F&E- bzw. Innovationsprojekte und bekannte Innovationspotenziale im Sinne potenzieller Projekte. Entsprechend gilt es, zunächst zu überprüfen, inwiefern diese den definierten Innovationsbeitrag erreichen. Dazu müssen sämtliche strategischen Projekte und Potenziale erfasst und einheitlich anhand der definierten strategischen KPIs bewertet werden. Auf diese Weise kann überprüft werden, inwiefern sie die identifizierte strategische Lücke bzw. Ambition bereits erfüllen und die definierten Innovationscluster adressieren können.

Damit werden dann auch die ersten Anforderungen an die sog. „Configuring"-Fähigkeit erfüllt (Abb. 2.1).

Praktisch gesagt muss in diesem Schritt also ein Innovationsportfolio aufgebaut und evaluiert werden. Dieses setzt sich dabei sowohl aus den bereits initiierten und laufenden Innovations- und Vorentwicklungsprojekten zusammen als auch aus neuen Innovationspotenzialen, die regelmäßig in bestehenden oder neuen Innovationsclustern identifiziert und bewertet werden müssen. Es hat sich bewährt, das Innovationsportfolio im ersten Schritt in einer Markt-Technologie-Matrix aufzustellen.

In dem Praxisbeispiel der Markt-Technologie-Matrix (Abb. 4.4) werden, sowohl die Technologie- als auch die Marktachse in vier gleiche Skalenbereiche eingeteilt:

- *Etabliert* – etablierte Technologien und Kompetenzen, die die komplette Unternehmensorganisation beherrscht und die zum Kern-Know-How gehören. Das Marktsegment mit dem dazugehörigen Kundenkreis und Produktanforderungen ist bestens bekannt, die Kundenbeziehungen basieren auf langjähriger Zusammenarbeit und auf hohem Vertrauen.
- *Angrenzend* – Neuerungen welche nah an bestehenden Technologien und Kunden/Märkten sind. Technologien und Kompetenzen liegen entsprechend

4.2 Innovationsportfolio evaluieren

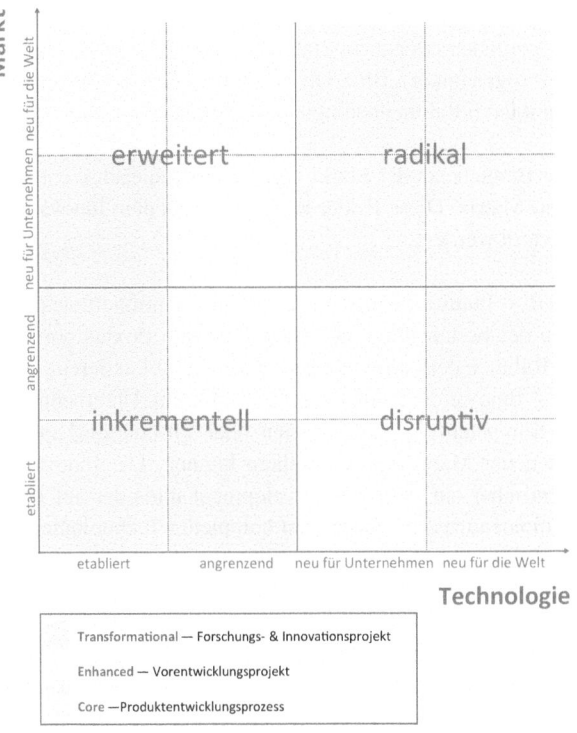

Abb. 4.4 Markt-Technologie-Matrix mit Innovationsreifegraden. (Quelle: Autoren)

bereits vor und sind aufgrund der ersten Serienanläufe Teilen der Unternehmensorganisation bekannt. Der Markteintritt erfolgte bereits, die ersten Serienprojekte mit Kunden wurden realisiert, weitere Kundenakquisition befinden sich in Bearbeitung.

- *Neu für Unternehmen* – Technologien und Kompetenzen sind für das eigene Unternehmen neu, nicht aber für den Wettbewerb. Die Marktsegmente, Kundenkreis und/oder das Business Model sind zwar generell vorhanden, aber für das eigene Unternehmen neu. Entsprechend sind Problemstellungen und Anforderungen von Kunden noch unbekannt, Beziehungen zu Kunden und Lieferketten müssen aufgebaut werden.
- *Neu für die Welt* – neue disruptive Technologien und „Moon Shots" für die Gesamtwelt, welche auch ganz neue Märkte kreieren können. Hohes

Innovationspotenzial, weil eine finale technologische Lösung entweder noch nicht gefunden oder nicht etabliert wurde. Der Markt ist ein noch nicht adressierter sogenannter „Blue Ocean" mit hohen Wachstumschancen, allerdings mit unklaren Rahmenbedingungen bzgl. des Startpunkts.

Durch die vier Bereiche an der Markt- und Technologieachse entstehen 16 Felder in der Portfolio-Matrix. Diese Felder können je nach dem Innovationsgrad in vier Gruppen eingeteilt werden:

- *Inkrementell* – Innovationen, welche auf die Optimierung der Performance und Kosten des bestehenden, überwiegend reifen Produktportfolios oder Produkten im Rahmen der laufenden Serienprojekte fokussieren.
- *Erweitert* – Innovationen, die auf Basis der im Unternehmen bereits vorhandenen Kompetenzen, Technologien oder Produktionskapazitäten zur Erschließung neuer Marktsegmente führen können. Der Innovationsfokus liegt entsprechend eher auf Business Development und/oder auf Business Design und Technologieanpassung anstatt auf kompletter Technologieneuentwicklung.
- *Disruptiv* – Innovationen, die die bestehenden Produkte und Dienstleistungen bzw. Technologien auf bestehenden Märkten stark verändern und im Extremfall komplett ablösen. Der Innovationsfokus liegt hier auf technologischer Neuentwicklung für bestehende Märkte.
- *Radikal* – Innovationen, die neue Technologien und Kompetenzen erfordern, um in neue Marktsegmente bzw. Geschäftsfelder einzusteigen oder sogar ganz neue Märkte entstehen zu lassen.

Zusätzlich wurde die Darstellung hier für die Praxis mit verschiedenen Innovationsreifegraden (IRL) hinterlegt. Diese lassen sich schematisch darstellen, da radikalere und disruptivere Innovationen, welche noch neu für Unternehmen und Markt sind, im Normalfall einen geringen Reifegrad haben und somit als Forschungs- und Innovationsprojekt (FIP) bzw. Vorentwicklungsprojekt (VEP) eingeordnet werden können, während inkrementelle Innovationen tendenziell einen höheren Innovationsreifegrad aufweisen und somit direkt im Produktentwicklungsprozess (PEP) bearbeitet werden können. Entsprechend wurden drei Bereiche mit unterschiedlichen Hintergrundfarben hinterlegt, die den Innovationsreifegrad des jeweiligen Felds reflektieren. Es wird zwischen dem Kerngeschäft, dem angrenzenden Geschäft und dem transformativen Geschäft unterschieden. Projekte, die sich im Kerngeschäft befinden, sind in der Regel *Serienentwicklungen* (PEP) mit Fokus auf Produktoptimierung mit einem Zeithorizont für eine erfolgreiche Umsetzung bis max. 3 Jahre. Das angrenzende Geschäft wird dagegen erst durch *Vorentwicklungen* (VEP) ermöglicht, wobei der Zeitraum bis zur Serieneinführung erfahrungsgemäß bis zu 5 Jahre beträgt. Das transformative Geschäft erfordert überwiegend *Forschungs- und Innovationsprojekte* (FIP), die generell eine geringe technologische- und Marktreife aufweisen und somit in der Regel erst nach mehr als 5 Jahren zum Geschäft beitragen.

4.2.1 Innovationsportfolio kompilieren

Als Grundlage für eine transparente Entscheidungsfindung lassen sich alle laufenden Innovationsprojekte (mit Fokus auf FIP, VEP) und bereits bekannte Innovationspotenziale im Sinne geplanter zukünftiger Innovationsprojekte sammeln und auf der Markt-Technologie-Matrix einordnen. Abb. 4.5 zeigt beispielhaft das initiale Innovationsportfolio von ebm-papst für die Branche der Luft- und Heiztechnik. Die grünen Punkte repräsentieren hier das etablierte Produktportfolio, welches komplette Produktgruppen inkl. der erforderlichen Kompetenzen der einzelnen Divisionen enthält, die im Hinblick auf Performance und Kosten permanent optimiert werden (Innovationsart „exploit"). Dabei ist ersichtlich, dass sich das Kernproduktportfolio aus Kompaktlüftern, axialen und radialen Ventilatoren, Gasventilen, Gasgebläsen, sowie Zentralelektronik zusammensetzt. Während Kompaktlüfter und Produkte für Gasheizungen weitestgehend ausgereift sind (etablierter Markt und etablierte Technologie), werden radiale und axiale Ventilatoren für zusätzliche schnell wachsende Marktsegmente wie z. B. Datenzentren, Reinraumproduktion oder regenerative Energie eingesetzt (angrenzender Markt und etablierte Technologie). Zentralelektronik ist dagegen eine erweiterte Technologie u. a. für den Einsatz in modernen Wärmepumpen (angrenzender Markt and angrenzende Technologie).

Ergänzend dazu stellen die blauen Punkte in Abb. 4.5 das initiale Innovationsportfolio von ebm-papst dar, welches im Folgenden beispielhaft an den Projekten 1–6 näher beschrieben wird. Sowohl Retrofit und Wiederaufbereitung von Ventilatoren (1), als auch digitale Services (3), Gasgebläse für Biogas und grünem Wasserstoff (5) und ölfreie Turbokompressoren (6) stellen für ebm-papst neue Marktsegmente dar. Da für Retrofit, Wiederaufbereitung und Gasverbrennung alle technologischen Voraussetzungen intern vorhanden sind, handelt es sich in diesen Fällen um erweiterte Innovationen. Digitale Services und Turbokompressoren basieren dagegen auf komplett neuen Kompetenzen bzw. Technologien, die noch aufgebaut werden müssen. Sie sind aus Sicht des Unternehmens radikale Innovationen. Die im Ventilator integrierten intelligenten Funktionen (2) bzw. die KI basierte aerodynamische und aeroakustische Auslegung (4) führen zu einer deut-

4 Von strategischen Zielen zum optimierten Innovationsportfolio

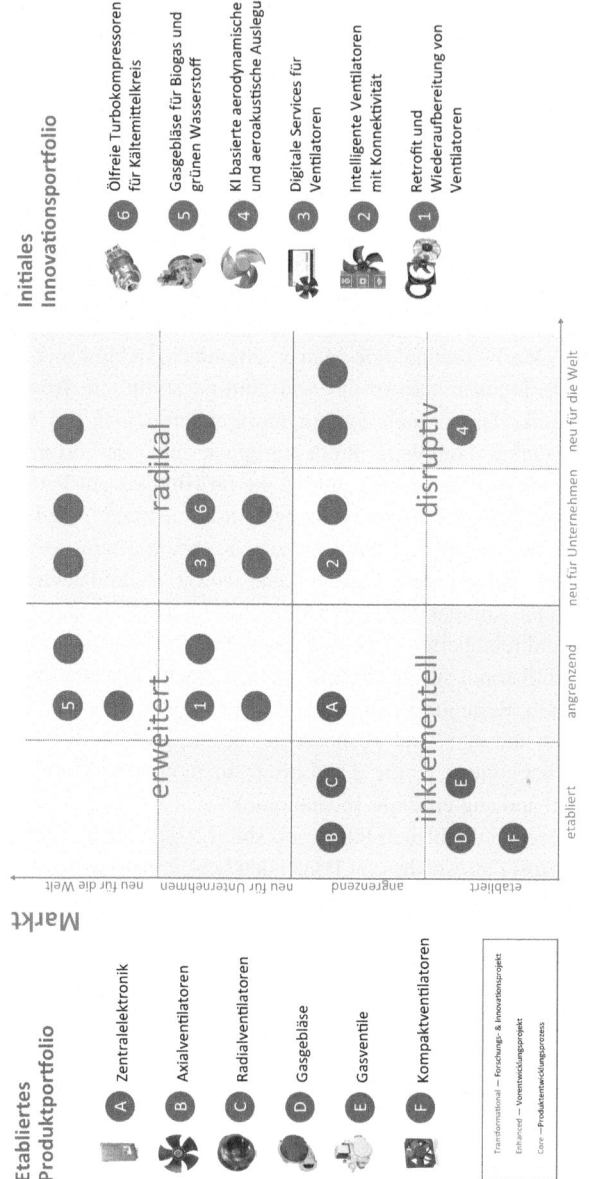

Abb. 4.5 Initiales Innovationsportfolio bei ebm-papst. (Quelle: Autoren)

lichen Steigerung des Kundenmehrwerts und zur Sicherstellung der Wettbewerbsfähigkeit. Sie adressieren bestehende bzw. angrenzende Märkte und ersetzen hier existierende Technologien. Es handelt sich um disruptive Innovationen. Anzahl und Position der Projekte in der Markt- Technologie Reifegradmatrix variieren mit der Zeit. Aus diesem Grund ist ein regelmäßiges Update des Portfolios erforderlich. Zusätzlich werden neue Innovationspotenziale im Unternehmen entwickelt, welche ebenfalls in das Portfolio aufgenommen werden müssen (siehe Abschn. 4.3).

4.2.2 Innovationsportfolio bewerten und analysieren

Um zu evaluieren, ob der definierte strategische Innovationsbeitrag erreicht werden kann, sollten die Projekte im aktuellen Innovationsportfolio nicht nur in die Markt- und Technologie-Matrix eingeordnet, sondern auch entsprechend der definierten strategischen KPIs (siehe Abschn. 4.1) bewertet und innerhalb der strategischen Fokusfelder geclustert werden.

Dazu werden regelmäßige Bewertungen durchgeführt. Das entsprechende Team zur Bewertung setzt sich je nach Thema aus divisionalen, regionalen und funktionalen Vertretern zusammen und auch die Einbeziehung externer Beratung kann sinnvoll sein, besonders wenn es sich um radikale Innovationen handelt.

Bei der Durchführung der Innovationsbewertung können dann durch die Diskussion der zugrundeliegenden Annahmen gemeinsam passende Einschätzungen getroffen werden. Dazu muss darauf geachtet werden, dass das Team zwar möglichst realistisch bleibt, gleichzeitig aber keine Angst vor „roter Farbe" haben darf. Das Bewertungsziel ist es nicht, Innovation „abzuwürgen", sondern Risiken rechtzeitig zu identifizieren und dadurch Entwicklungsschwerpunkte bzw. Maßnahmen zur Risikoreduzierung festzulegen. Abb. 4.6 zeigt ein beispielhaftes Ergebnis einer solchen initialen Bewertung des Innovationsportfolios innerhalb der Markt-Technologiematrix, in der alle weiteren KPIs über Farben abgebildet sind.

So wurde das initiale Innovationsportfolio von ebm-papst gemäß der definierten KPIs – Umsatz, Profitabilität, Kapitalintensität, Wettbewerbsvorteil, Erfolgswahrscheinlichkeit und Nachhaltigkeit – evaluiert. Dabei wurden beispielsweise die Umsatzpotenziale für Retrofit und Wiederaufbereitung von Ventilatoren(1), digitale Services (3), Gasgebläse für Biogas und Wasserstoff (5) sowie ölfreie Turbokompressoren (6) vergleichsweise hoch eingeschätzt, da damit neue Märkte für ebm-papst erschlossen werden können. Allerdings müssen hier auch die anfallenden Kosten zur Realisierung mitbewertet werden, was sich speziell bei den ölfreien Turbokompressoren im KPI „Kapitalintensität" mit „roter Farbe" zeigt.

4 Von strategischen Zielen zum optimierten Innovationsportfolio

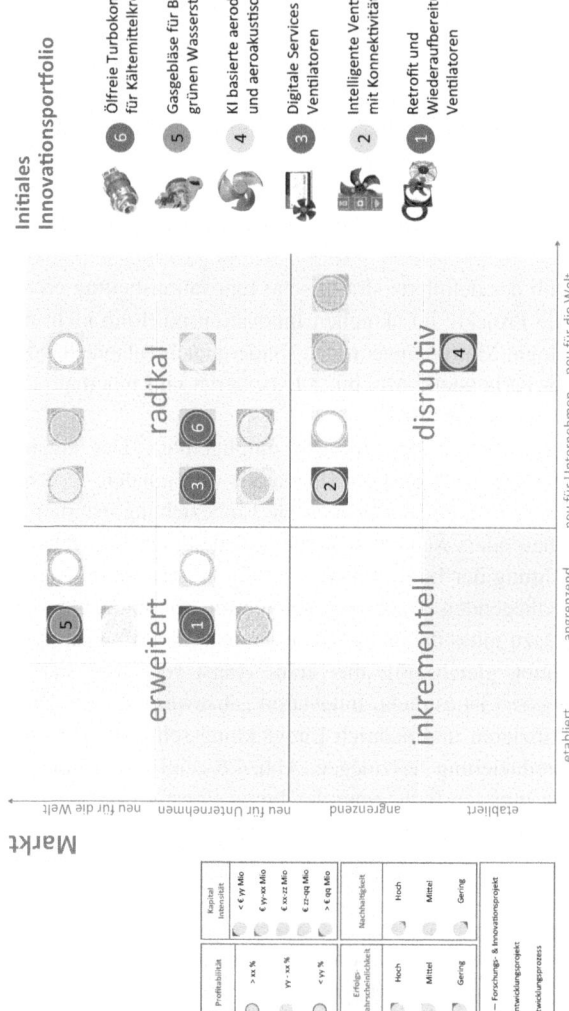

Abb. 4.6 Evaluiertes initiales Innovationsportfolio bei ebm-papst (ohne PEP). (Quelle: Autoren)

Mit solch einem konsolidierten Überblick ist die Bewertung des Innovationsportfolios nun für jeden Stakeholder transparent und nachvollziehbar. Ein entsprechend einheitlich bewertetes Portfolio bestehender Innovationsprojekte und -potenziale ermöglicht daher eine weiterführende Analyse als Entscheidungsgrundlage zur anschließenden Priorisierung und Überprüfung des potenziellen Innovationsbeitrags im Portfolio. Mittels Visualisierung in einer weiteren Matrix mit den Achsen „Umsatz" und „Aufwand" bzw. „Kapitalintensität" können schnell finanziell lohnende Projekte identifiziert und finanziell unattraktive Projekte aussortiert werden (siehe Abb. 4.7).

So sollten Projekte mit hohem Umsatzpotenzial bei geringer Kapitalintensität direkt angegangen werden (siehe grüner Bereich in der Matrix), während Projekte mit mittlerem Umsatzpotenzial bei mittleren Realisierungskosten hinterfragt werden sollten (gelber Bereich), um sich hier ggf. Unterstützung durch einen externen Partner zu holen (siehe hierzu Abschn. 4.4 Stichwort „Open Innovation"). Projekte mit geringem Umsatzpotenzial bei hohen Kosten sollten hingegen unmittelbar gestoppt werden (roter Bereich).

Anhand dieser Matrix wurden die bereits beispielhaft erläuterten Projekte 1–6 des initialen Innovationsportfolios von ebm-papst alle mit einer Prio A bewertet (siehe dunkelgrüne Umrandung der Projekte in Abb. 4.7), was dafür spricht diese weiterzuverfolgen und mit einem entsprechendem Budget auszustatten.

4.2.3 Innovationslücke bestimmen

Nach der Bewertung und Analyse des initialen Innovationsportfolios kann nun dessen erste Priorisierung erfolgen, um den potenziellen Innovationsbeitrag zur Adressierung der Innovationslücke zu bestimmen (siehe hierzu Abschn. 4.1, Abb. 4.2). Der Vorschlag für eine Priorisierung kann von o.g. Bewertungsteam durchgeführt werden. Die finale Entscheidung und entsprechende Freigabe des Innovationsportfolios inkl. vorgeschlagener Strategien und Maßnahmen zur Risikominimierung sollte vom Innovationssteuerkreis unter Einbeziehung der ausgewählten Geschäftsführungs- bzw. Vorstandsmitglieder getroffen werden.

Mithilfe des initial bewerteten und priorisierten Portfolios bestehender Innovationsprojekte und -potenziale kann nun dessen potenzieller Innovationsbeitrag zur Adressierung der definierten strategischen Lücke bzw. Ambition berechnet werden. Dazu wird das Gesamtpotenzial aller ausgewählten (Prio A) Innovationsprojekte und -potenziale zu den wichtigsten strategischen Zielen (z. B. Umsatz, Kosten) aufaddiert, die Eintrittswahrscheinlichkeiten entsprechend der jeweiligen Erfolgschancen angepasst und über den Zeitverlauf dargestellt.

4 Von strategischen Zielen zum optimierten Innovationsportfolio

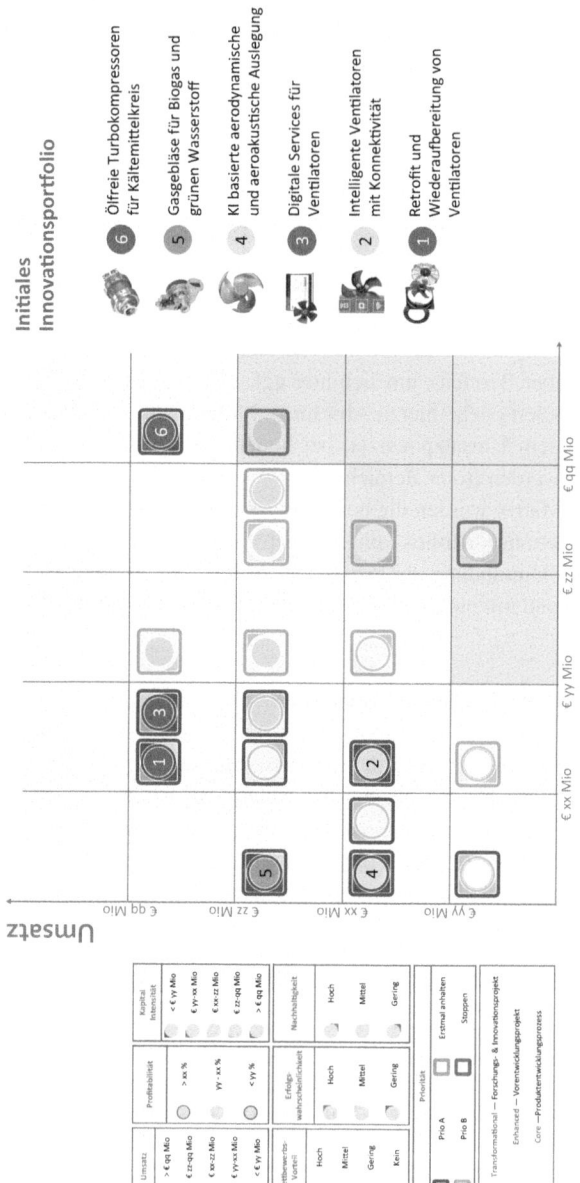

Abb. 4.7 Analysiertes und priorisiertes initiales Innovationsportfolio bei ebm-papst (ohne PEP). (Quelle: Autoren)

4.2 Innovationsportfolio evaluieren

Dieses Gesamtpotenzial des Innovationsportfolios kann nun der zu adressierenden strategischen Lücke gegenübergestellt werden. Wenn sich aus der Delta-Analyse eine Differenz zwischen dem potenziellen Innovationsbeitrag und der zu adressierenden strategischen Lücke ergibt, so kann eine *Innovationslücke* festgestellt werden, welche mit neuen zusätzlichen Innovationspotenzialen geschlossen werden muss. Wenn die strategische Lücke gefüllt wird, kann es dennoch Sinn machen, nach neuen Innovationspotenzialen zu suchen, um eine höhere *Innovationsambition* zu erreichen. Hierzu sollte auch die ausreichende Adressierung der strategischen Fokusfelder überprüft werden, indem zusätzlich die Potenziale der Portfolios aller Innovationscluster einzeln bewertet werden.

Praxiskommentar

Dr. Philipp Dehn, Vorstandsvorsitzender/CEO, DEHN

DEHN ist ein mittelständisches deutsches Familienunternehmen für Elektrotechnik, welches 1910 in Nürnberg von Hans Dehn gegründet wurde. Nach der Anmeldung des ersten Patents im Bereich Blitzschutz im Jahr 1918 begann das Unternehmen mit der Herstellung eigener Blitzschutz- und Erdungsbauteile. Heute deckt DEHN mit vielfältigen Lösungen den Schutz von Gebäuden, elektrischen Anlagen und Systemen vor Überspannung, Blitzschlag und elektromagnetischen Störungen ab. Mit mittlerweile mehr als 1100 Patenten hat sich DEHN zu einem globalen Innovations-, Qualitäts- und Marktführer entwickelt, der in über 70 Ländern aktiv ist und mit rund 2500 Mitarbeitern einen Jahresumsatz von über 470 Mio. Euro erwirtschaftet.

„Ich führe das Unternehmen in der vierten Familiengeneration in einer interessanten Phase, welche durch starke Veränderungen im Geschäftsumfeld geprägt ist. So führt beispielsweise die verstärkte Elektrifizierung zur Nutzung erneuerbarer Energien in Bereichen wie Industrie und Verkehr zu hohen internationalen Wachstumspotenzialen für unser Geschäft. Um diese zu heben, müssen wir systematisch passende technologische Lösungen für die neuen Märkte und Kundenbedarfe entwickeln.

Um solche gezielten Innovationen zu ermöglichen, ist die Schaffung eines transparenten strategischen Rahmens entscheidend. Dieser ermöglicht es allen Mitarbeitern, effektiv zu agieren und unsere Ziele gemeinsam zu verfolgen, sodass Innovationen auch die beabsichtigte Wirkung auf zukünftiges Geschäft entfalten. Dazu haben wir auf höchster Unternehmensebene angefangen, ein agiles Portfoliomanagementsystem einzuführen. Durch ein individuell angepasstes strategisches Portfolio-Framework und die damit möglichen Portfolioanalysen können wir die Transparenz strategischer Entwicklungsprojekte deutlich erhöhen und auch Schnittstellen zwischen verschiedenen Abteilungen sichtbar machen. Gleichzeitig erkennen wir relevante Lücken im Portfolio und können diese durch die Entwicklung neuer strategischer Opportunitäten gezielt adressieren. Auf dieser Basis können wir eine gemeinsame und dynamische Bewertung, Priorisierung und Ergänzung der strategischen Themen und Projekte durchführen, was für eine höhere Effizienz und Effektivität im Ressourceneinsatz führt.

Das agile Portfoliomanagementsystem unterstützt somit ein nachhaltiges, reflektiertes Denken und Handeln und steigert durch einen transparenten und strukturierten Entscheidungsrahmen die Erfolgswahrscheinlichkeit im dynamischen Umfeld. Damit können wir unsere Rolle als globaler Innovations- und Marktführer auch in Zukunft ausfüllen und neue Wachstumschancen erfolgreich adressieren."

4.3 Neue Innovationspotenziale identifizieren

Zur Adressierung einer definierten Innovationslücke oder -ambition müssen neue Innovationspotenziale identifiziert werden, welche als potenzielle neue Innovationsprojekte in das Innovationsportfolio aufgenommen werden können. Auch wenn hier opportunistische Innovationspotenziale aus der Organisation berücksichtigt werden können, ist ein systematischer Prozess zur geplanten Identifizierung und Entwicklung geeigneter Potenziale empfehlenswert, um sicherzustellen, dass diese den geforderten Innovationsbeitrag erfüllen und die Innovationslücke bzw. -ambition in den strategischen Fokusfeldern adressieren können.

Damit werden dann auch die Anforderungen an die sog. Sensing-Fähigkeit erfüllt (siehe Abb. 2.1):

4.3.1 Externe und interne Analyse

Neue Innovationspotenziale ergeben sich insbesondere aus der Verknüpfung von externen Veränderungen und internen Fähigkeiten. Diese müssen daher zunächst analysiert werden, um anschließend relevante Kombinationen zu finden. Die Analyse kann dabei an die bereits identifizierten Chancen/Risiken und daraus abgeleiteten strategischen Fokusfeldern anknüpfen (siehe Abschn. 4.1), oder auch

4.3 Neue Innovationspotenziale identifizieren

spezifischere Lücken (zum Beispiel nur ausgewählte Innovationscluster) im Portfolio betreffen.

Im definierten Bereich sollten dann in der externen Analyse alle relevanten Veränderungen als Überblick erfasst werden. Dies beinhaltet beispielsweise Markt, Kunden, Technologien, Politik und Regulierung, sowie das erweiterte Ökosystem an Unternehmen, Behörden, Forschungseinrichtungen, nichtstaatliche Interessensgruppen, etc.

Wenn relevante externe Faktoren identifiziert wurden, sind diese durch interne Faktoren in dem gewählten Bereich zu ergänzen. Diese ergeben sich aus der internen Analyse möglichst differenzierender Fähigkeiten des Unternehmens, beispielsweise Know-How, Kompetenzen, Ressourcen, Partner, Kunden, Prozesse, usw.

Entscheidend ist, dass im Ergebnis sowohl relevante externe als auch interne Faktoren für den gewählten Bereich identifiziert wurden, welche für neue mögliche Innovationspotenziale kombiniert werden können.

4.3.2 Ableitung neuer strategischer Innovationspotenziale

Die Kombination der identifizierten internen und externen Faktoren für neue strategische Innovationspotenziale ist aufgrund ihrer Komplexität keine einfache Aufgabe. Ein neues Markt- oder Technologiepotenzial aus einer externen Veränderung muss hier auf möglichst differenzierende interne Fähigkeiten treffen, die zusammen einen möglichen neuen Wettbewerbsvorteil erzielen können.

Hieraus ergeben sich dann schlussendlich strategische Innovationspotenziale wie neue Markt-/Technologiekombinationen als potenzielle Produkte/Services oder Prozessverbesserungen in der Industrialisierung (Enabler), welche die gesetzten strategischen Ziele bzw. den Innovationsbeitrag erfüllen. Diese können dann anschließend weiter ausgearbeitet und analysiert werden, um erste Annahmen für deren Bewertung treffen zu können.

Im vorher gezeigten Beispiel von ebm-papst fällt im initialen Innovationsportfolio der bestehenden Innovationsprojekte (Abb. 4.5) eine Verteilung in der Markt-/Technologiematrix auf die Bereiche „erweitert", „disruptiv" und „radikal" auf. Dies liefert die perfekte Basis für eine Vielzahl weiterer Innovationspotenziale, um neue Marktsegmente mit vorhandenen Kernkompetenzen und bestehenden oder auch neuen/angepassten Technologien zu erschließen. So ergeben sich beispielsweise weitere Innovationspotenziale im Bereich der Turbokompressoren. Hier lassen sich unter Einbindung erweiterter und neuer Technologien neue Anwendungsfelder in Brennstoffzellen (7) und Wärmepumpen (8) erschließen. Weitere „radikale" Innovationspotenziale ergeben sich im Bereich optimierte Verdampfersysteme (9) sowie im Zukunftsmarkt der katalytischen Wasserstoffverbrennung (10). Diese strategischen Innovationspotenziale gilt es nun zu bewerten und entsprechend zu priorisieren. Darauf wird im nun folgenden Abschnitt näher eingegangen.

4.3.3 Bewertete und priorisierte neue Innovationspotenziale

Die hier beispielhaft beschriebenen Innovationspotenziale stellen erst einmal nur potenzielle neue Innovationsprojekte da. Um entscheiden zu können, diese tatsächlich anzugehen und mit den nötigen Ressourcen zu versehen, müssen diese zunächst auch nach den strategischen KPIs bewertet werden. Dies ermöglicht deren Vergleich mit allen anderen, bereits bestehenden Innovationsprojekten und vorhandenen Innovationspotenzialen, um in einem gesamtheitlichen Innovationsportfolio eine finale Priorisierung und entsprechende Ressourcenverteilung vornehmen zu können.

Abb. 4.8 zeigt das erweiterte Innovationsportfolio von ebm-papst mit neuen Innovationspotenzialen. So wurden beispielsweise die Umsatzpotenziale und Profitabilität ölfreier Turbokompressoren für den Einsatz in Brennstoffzellen (7) sowie die katalytische Wasserstoffverbrennung (10) vom Innovationsteam als hoch eingestuft und die Kapitalintensität im mittleren Bereich. Da sich die Teams in dieser frühen Phase der Bewertung oft noch auf Annahmen stützen müssen, da beispielsweise aufgrund einer neuen Technologie noch keine umfassende Marktbetrachtung verfügbar ist, müssen manche KPIs neutral bewertet werden. So z. B. bei der katalytische Wasserstoffverbrennung, da hier noch unklar ist, welcher Wettbewerbsvorteil sich daraus generieren lässt.

Dieses Gesamtbild der initialen und erweiterten Innovationspotenziale gilt es nun abschließend gemeinsam mit den entsprechenden Stakeholdern zu priorisieren und anzupassen, sodass daraus die Portfoliostrategie für das Unternehmen definiert werden kann.

4.3 Neue Innovationspotenziale identifizieren

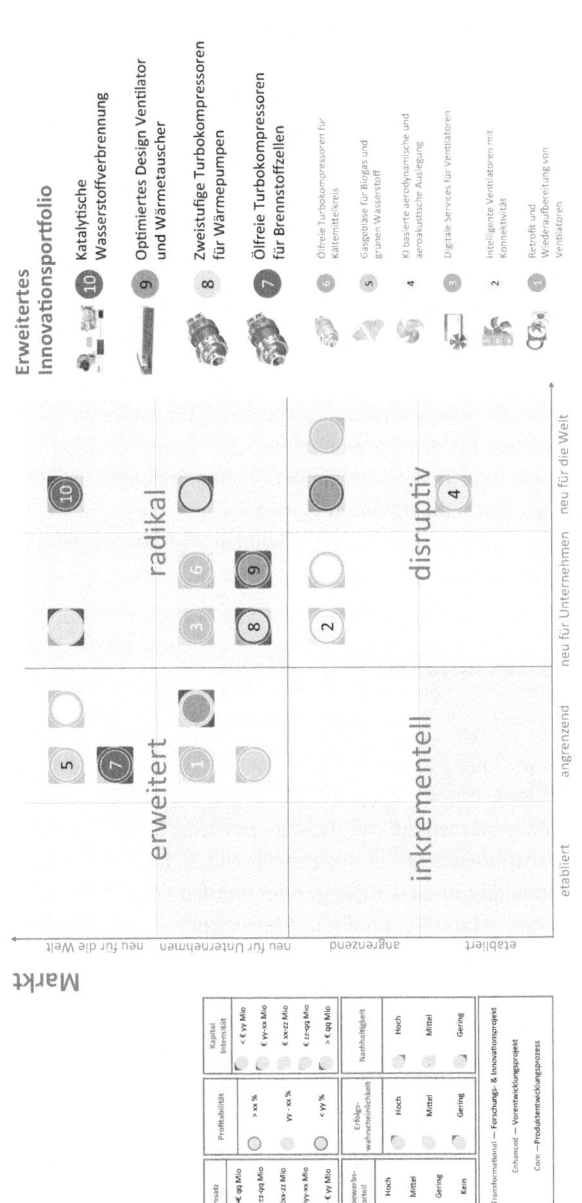

Abb. 4.8 Erweitertes Innovationsportfolio mit neuen Innovationspotenzialen, bewertet nach strategischen KPIs. (Quelle: Autoren)

4.4 Innovationsportfolio anpassen

Als Ergebnis der drei vorigen Schritte und den dadurch adressierten dynamischen Fähigkeiten (Scoping, Configuring, Sensing) kann abschließend das gesamte Innovationsportfolio aktualisiert, priorisiert und entsprechend angepasst werden, um auf dieser Basis die Portfoliostrategie inkl. Roadmap und Ressourcenverteilung zu verabschieden. Damit sollte die Innovationslücke bzw. -ambition erfolgreich adressiert werden, sodass der strategische Wertbeitrag im Sinne von Innovation for Growth gesichert wird. Eine regelmäßige Überprüfung, Ergänzung und Anpassung des Portfolios mit den beschriebenen Schritten führt dann zu einem dynamischen Portfoliolebenszyklus, indem Potenziale zu Projekten werden, Projekte in höhere Reifegrade vordringen und neue Potenziale dazukommen. Eine solche dynamische Portfoliostrategie sorgt damit für die kontinuierliche Sicherung des strategischen Fit des Unternehmens, d. h. einer besseren Erreichung der strategischen Ziele und insgesamt zielgerichteten Innovationsaktivitäten in der F&E von traditionellen Industrieunternehmen.

Damit werden dann auch die noch verbleibenden Anforderungen an die sog. Configuring-Fähigkeit erfüllt (Abb. 2.1):

4.4.1 Angepasstes Innovationsportfolio

Zur Verabschiedung einer zielgerichteten Portfoliostrategie, welche die Innovationslücke bzw. -ambition adressiert, müssen alle bereits bestehenden Innovationsprojekte und Innovationspotenziale, sowie alle neu identifizierten Innovationspotenziale miteinander verglichen werden. Dies gelingt in einer gesamtheitlichen Portfolioansicht, in welcher je nach Entscheidungskriterium verschiedene Portfolioanalysen und KPIs gezeigt werden können. Auch hier kann auf die bereits bekannte Markt-Technologie-Matrix zurückgegriffen werden, um die Potenziale aller Innovationscluster untereinander zu vergleichen und zu priorisieren.

Das final bewertete und priorisierte Innovationsportfolio kann nun nochmals nach dessen potenziellem Innovationsbeitrag zur Adressierung der definierten strategischen Lücke bzw. Ambition berechnet werden. Dazu wird wieder das Gesamtpotenzial aller ausgewählten (Prio A) Innovationsprojekte und -potenziale zu den wichtigsten strategischen Zielen (z. B. Umsatz, Kosten) aufaddiert, die Eintrittswahrscheinlichkeiten entsprechend der jeweiligen Erfolgschancen angepasst und über den Zeitverlauf dargestellt. Falls die Innovationslücke noch nicht geschlossen bzw. die Innovationsambition nicht erreicht ist, müssen zusätzliche Innovationspotenziale entwickelt bzw. eventuell aussortierte Projekte doch wieder in das Portfolio aufgenommen werden. Wird die Innovationslücke oder -ambition hingegen übererfüllt, kann das Innovationsportfolio noch einmal neu priorisiert werden, um die verfügbaren Budgets und sonstigen Ressourcen auf die vielversprechendsten Optionen zu konzentrieren, oder die Ambition wird erhöht. Die Priorisierung kann abgeschlossen werden, sobald die strategische Lücke (potenziell) geschlossen bzw. die Ambition (potenziell) erreicht ist und somit der zukünftige strategische Fit sichergestellt wird.

4.4.2 Portfoliostrategie

Auf Basis des priorisierten Portfolios können nun entsprechende Markteintritts- und Entwicklungsstrategien definiert werden. Ein wichtiger Bestandteil des Innovationsstrategieprozesses ist in dieser Phase eine Betrachtung der Markt- und Produktstrategie in enger Zusammenarbeit zwischen divisionalen Business Development, Produktmanagement, Produktion und Produktentwicklung., Diese Abstimmungen sind entscheidend, denn sie haben einen direkten Einfluss auf die Bewertung des Innovationsportfolios und die daraus resultierende Portfoliostrategie.

4.4.3 Portfoliolebenszyklus

Das initiale Innovationsportfolio verändert sich nicht nur durch die Aufnahme neuer Innovationspotenziale, sondern auch aufgrund der Weiterentwicklung der einzelnen Projekte im Zeitverlauf (siehe Abb. 4.9). So sind in diesem Beispiel nach der ersten Pilotphase alle Technologien für Retrofit (1) etabliert und Kundenakquisitionen laufen. Auch erste Anwendungen für intelligente Ventilatoren (2) haben bereits Serienreife erreicht. Die ursprünglich für Wasserstoffverbrennung konzipierten Gebläse (5) wurden durch die Betrachtung des Biogases schneller auf dem Markt eingeführt, als es mit grünem Wasserstoff möglich gewesen wäre. Die KI basierte aerodynamische und die aeroakustische Auslegung (4) wurde aus der Innovationsphase in die Vorentwicklung überführt. Ölfreie Turbokompressoren (6) wurden bereits industrialisiert und erste Prototypen stehen Kunden für eine Pilotphase zur Verfügung.

Das Innovationsportfolio ist somit nicht starr, sondern muss regelmäßig im Zuge der fortschreitenden Innovationsprojekte aktualisiert werden.

38 4 Von strategischen Zielen zum optimierten Innovationsportfolio

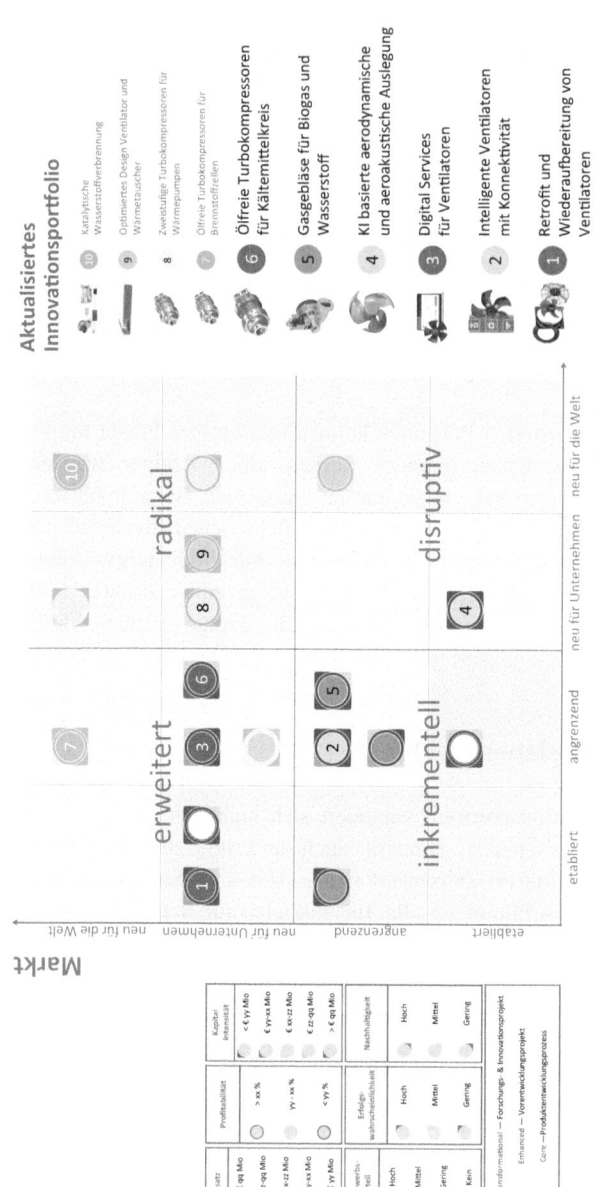

Abb. 4.9 Aktualisiertes Innovationsportfolio mit fortgeschrittenen Innovationsprojekten. (Quelle: Autoren)

4.4.4 Ressourcen dynamisch verteilen

Mit einem priorisierten Portfolio ist die Ressourcenverteilung theoretisch eine recht einfache Aufgabe, da klar ersichtlich ist, welches Projekt welche Relevanz hat und entsprechend mehr oder weniger Ressourcen benötigt. In der Realität lassen sich jedoch Ressourcen im Unternehmen nicht so schnell anpassen wie Punkte in einer Matrix. Hier wird meist mit jährlichen Budgetplänen, mehrjähriger strategischer Planung und festen organisatorischen Rollen gearbeitet. Um eine flexible Ressourcenanpassung zu ermöglichen, sollten daher finanzielle und personelle Ressourcen ohne feste Zuordnung im Sinne eines ‚organisatorischen Spielraums' (Slack) reserviert werden. Dies wird beispielsweise in einer flexiblen Projektorganisation ermöglicht, wie sie in Kap. 5 beschrieben wird. Aktuelle Forschung von uns zeigt, dass sich ein solcher organisatorischer Spielraum positiv auf alle Innovationsarten auswirkt, insofern eine Innovationsstrategie (wie in diesem Fall das priorisierte Portfolio) vorhanden ist, um diesen gezielt zu nutzen.

Nicht immer muss dabei jedoch nur auf Ressourcen und Kompetenzen im Unternehmen zurückgegriffen werden. Generell bestehen für die Umsetzung der Innovationsprojekte die Möglichkeiten „Buy" (externe Innovationen werden zugekauft), „Build" (Innovationen werden selbst entwickelt) oder „Partner" (Innovationen werden gemeinsam mit externen Partnern entwickelt). Während Innovationen, die auf vorhandene Technologien und Kompetenzen zugreifen, tendenziell intern bearbeitet werden, lohnt es sich insbesondere bei disruptiver und radikaler Innovation zu prüfen, ob „Open Innovation" im Sinne von „Buy" oder „Partner" nicht zur Beschleunigung des Innovationsprozesses führen könnte.

Zu guter Letzt ist die Ressourcenplanung und -verteilung auch noch abhängig von der zeitlichen Planung der Innovationsprojekte. Oft ist es nicht möglich oder sinnvoll, alle priorisierten Projekte gleichzeitig zu bearbeiten. Entsprechend können diese abhängig von ihren Interdependenzen, ihrer Priorität und den benötigten Ressourcen in eine zeitliche Reihenfolge gebracht werden. Auf diese Weise entsteht eine Roadmap, in welcher neben dem Zeitverlauf der Projekte auch Meilensteine, Verantwortlichkeiten und benötigte Ressourcen hinterlegt werden können, um anschließend ein gutes Projekt- und Programmmanagement zu ermöglichen. Entsprechend den Fortschritten in den Projekten und den möglichen Veränderungen im Portfolio muss dieser Plan jedoch als lebendes Dokument immer wieder kritisch überprüft und angepasst werden.

Organisatorische Verankerung strategischer Innovation

5

Was Sie in diesem Kapitel finden können

- Einführung einer agilen, dezentralen Projektorganisation im Unternehmen
- Rolle eines zentralen Innovationsmanagements
- Beispiel von Innovationsclustern innerhalb eines Projekthauses

Die erfolgreiche Umsetzung der im vorigen Kapitel beschriebenen Schritte und des darauffolgenden Innovationsentwicklungsprozesses zur Entwicklung und Realisierung einer Portfoliostrategie benötigt eine passende Organisation und Kultur. Diese müssen der inhärenten Dynamik der agilen Portfoliostrategie Rechnung tragen und gleichzeitig die notwendigen dynamischen Fähigkeiten systematisch abbilden können.

Da eine agile, anpassbare Organisation oft im Gegensatz zur effizienten und optimierten Organisation des Kerngeschäfts steht, besteht ein Fehler beim Aufbau einer Innovationsorganisation in traditionellen Industrieunternehmen oft darin, diese intuitiv in separate Strukturen außerhalb der bestehenden Organisation zu verlagern. In Innovation Labs und ähnlichen Vehikeln sollen dann wie im Silicon Valley auf der grünen Wiese neue Start-ups gebaut und umgesetzt werden. In der Praxis erweisen sich derartige separate und zentralisierte Innovationseinheiten jedoch als wenig effiziente Elfenbeintürme und die Akzeptanz von der bestehenden Organisation, die in den Innovationsprozess kaum eingebunden wurde, ist eingeschränkt. Dies erschwert den Innovationstransfer in die Divisionen; viele durchaus gute Innovationspotenziale bleiben somit in Folge ungenutzt oder die Traktion in der Umsetzung fehlt schlussendlich, da keine Vorteile des Kerngeschäfts genutzt werden können.

Die gegensätzliche Variante ist allerdings auch nicht empfehlenswerter. In Anbetracht der Komplexität wird oft versucht, die gesamte Organisation in die

Pflicht zu nehmen und Innovation ohne klare Verantwortlichkeiten über eine „innovative Kultur" und gegebenenfalls dedizierte Innovationsprogramme auszurollen. Mit dem Ansatz „jeder darf einmal pro Woche nachmittags innovieren" lassen sich zwar beliebig viele Ideen generieren, was dazu führt, dass man sich kurzfristig als innovativ wahrnimmt. Da aber in der Regel weder Innovationsziele noch Innovationsstrategien klar sind, bzw. keine Bewertung und Priorisierung erfolgt, entstehen viele Ideen, die entweder mit Unternehmensstrategien nicht vereinbar sind, oder die Umsetzung der Innovationsideen an unzureichenden Ressourcen oder unklaren Verantwortlichkeiten scheitert.

Die Kunst beim Aufbau einer effektiven und effizienten Innovationsorganisation in Traditionsunternehmen besteht im Sinne der sogenannten „Ambidextrie" darin, das bestehende, optimierte Kerngeschäft mit agilen Innovationsprojekten zu vereinen. Dazu muss eine Balance zwischen einer möglichst offenen Innovationskultur auf der einen Seite und dedizierten, dezentralen Innovationsstrukturen auf der anderen Seite geschaffen werden, die als ein vernetztes und agiles Innovationsteam nach identischen Innovationszielen und Strategien des Gesamtunternehmens ausgerichtet wird.

Praxiskommentar

Heiko Rosskamp, Bereichsleiter Produktmanagement und F&E und Nico Maier, Leiter Zukunftsmanagement, WÜRTH
Würth ist ein deutsches Industrie- und Handelsunternehmen, das sich auf die Produktion und den Vertrieb von Befestigungs- und Montagematerial sowie Werkzeugen an Handwerksbetriebe und Industrie spezialisiert hat. Gegründet 1945, hat das Unternehmen durch organisches Wachstum und gezielte Übernahmen eine globale Präsenz aufgebaut und ist in über 80 Ländern mit mehr als 400 Gesellschaften aktiv. Mit rund 85.000 Mitarbeitern erzielt Würth durch den Vertrieb von über 125.000 Produkten einen Umsatz von mehr als 20 Mrd. Euro.

„Auch wenn wir hier spezifische Abteilungen repräsentieren, geht Innovation bei Würth alle etwas an, von Produktmanager:innen und Verkäufer:innen über die Division bis zum Spezialisten in der F&E. Wie gelingt es, bei solch geteilter Verantwortung dennoch geschäftsrelevante Innovation in den Markt zu bringen und neues Geschäft zu generieren?

Die Antwort liegt weniger in Prozessen und Tools als vielmehr in der unternehmerischen Innovationskultur des Unternehmens. Es gibt bei Würth viel Freiraum und Autonomie mit hoher dezentraler Verantwortung auf Mitarbeiterebene. Diese Autonomie wird begleitet durch das geteilte Verständnis auf allen Ebenen, dass Mehrwerte für die Kunden, sowie der Geschäftserfolg des Unternehmens stets im Mittelpunkt stehen.

Konkret heißt das, dass bei jeder neuen Idee zunächst intuitiv ein grobes Umsatzziel abgeschätzt wird, abhängig vom potenziellen Kundenmehrwert. Und diese Umsatzerwartung wird dann in das Verhältnis zum erwarteten Aufwand und Risiko gesetzt. Sind Kosten- und Nutzenerwartung im richtigen Verhältnis, wird losgelegt. Alles weitere wird auf dem Weg immer wieder überprüft, korrigiert und ggf. angepasst. Dadurch können wir unglaublich schnell sein und für die Kunden starke Mehrwerte schaffen. Mit dem Reinhold Würth Innovationszentrum CURIO haben wir einen Ort geschaffen, an dem alle relevanten Kompetenzen direkt Seite an Seite arbeiten können.

Als inhaltliche Leitplanken für Innovationen dienen bei Würth konkrete Fokusthemen, wie Befestigungstechnik, Mechatronik, Digitalisierung, nachhaltige Chemie etc. Hier gehen wir konsequent nach Pareto-Prinzip vor, um uns immer genau auf die Themen zu fokussieren, in welchen wir auch klare Vorteile für Würth sehen.

Dieses Zusammenspiel aus Autonomie und klarer strategischer Zielsetzung führt dann im Endeffekt dazu, dass wir sowohl pragmatisch und schnell agieren können als auch präzise und systematisch Lösungen umsetzen. Somit können wir genauso gut kleinere „Lowtech"-Innovationen wie auch sehr komplexe neue Lösungen in den Markt bringen. Zum Beispiel bieten wir magnetische, blaue Pflaster für die Lebensmittelindustrie an, welche im Verlustfall einfach identifiziert und aus der Produktion gefischt werden können. Am anderen Ende der Komplexitätsskala steht ein Verstärkungssystem für Porenbetondächer. Hierfür haben wir in 2023 den Baden-Württembergischen Umwelttechnikpreis gewonnen, weil mit diesem System alte Industriehallen für PV-Aufdachinstallationen ertüchtigt werden können. Weitere Beispiele sind hochinnovative Holz-Schraubverbindungen für Holz-Betonverbundkonstruktionen oder – ganz aktuell aus dem Zukunftsmanagement – das Thema 3D-Druck, welches wir jetzt spezifisch für das Handwerk nutzbar machen.

Wir sind uns sicher – eine solche Vielfältigkeit, Diversität und hohe Geschäfts- und Kundenrelevanz von Innovationen gelingt nur mit einer hohen dezentralen Verantwortung, die gezielt unternehmerisch genutzt wird."

5.1 Agile, dezentrale Projektorganisation

Je nach Unternehmen sind verschiedene Formen einer vernetzten, agilen Innovationsorganisation möglich und empfehlenswert. Als ein Beispiel ist in Abb. 5.1 eine dezentrale Innovationsorganisation in Form eines Projekthauses

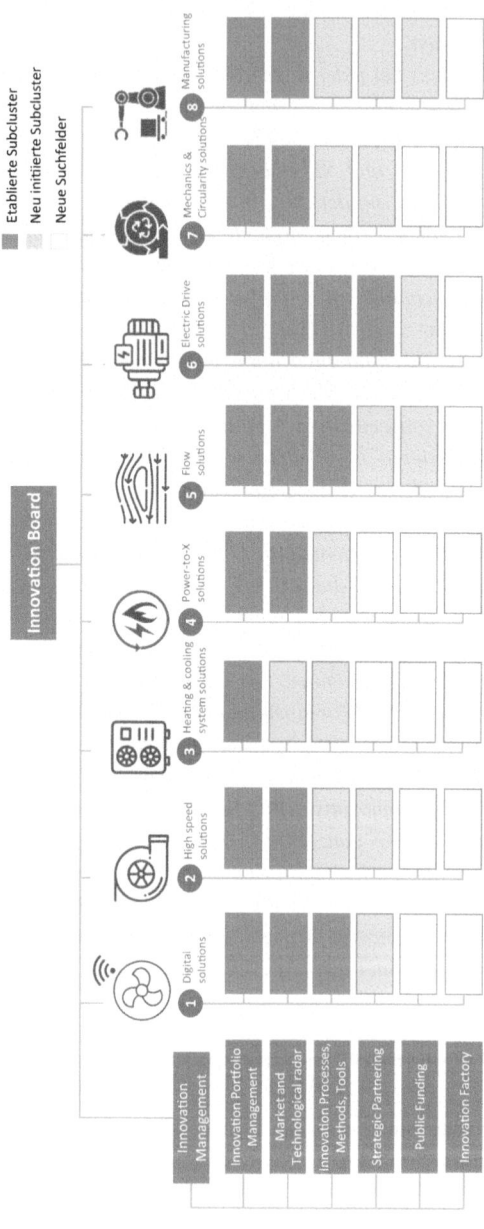

Abb. 5.1 Innovationsorganisation als Projekthaus bei ebm-papst (teilweise anonymisiert). (Quelle: Autoren)

dargestellt. Die Innovationsorganisation setzt sich aus den inhaltlich abgeleiteten Innovationsclustern (siehe Abschn. 4.1) mit dedizierten Ressourcen zusammen. Jedes Innovationscluster hat einen eigenen verantwortlichen Cluster Manager. Als Schnittstelle zwischen Strategie, Organisation und Projektteams haben diese Cluster Manager eine Schlüsselrolle bei der erfolgreichen Umsetzung der Innovationsstrategie im Unternehmen. Entsprechend sind hier als Profil sog. „kreative Generalisten" und Intrapreneure mit langjährigen Erfahrungen und ausgeprägten Leadership-Fähigkeiten insbesondere bzgl. der Teamfähigkeit, Netzwerkbildung und des Stakeholdermanagements gefragt, die gleichzeitig ein gutes Markt- *und* Technologieverständnis für ihren Bereich aufweisen.

Innerhalb jedes Innovationsclusters liegen hier noch weitere Subcluster für aggregierte Subthemen. Diese haben ebenfalls jeweils einen eigenen Verantwortlichen, der in der Regel gleichzeitig noch ein TOP-Projekt aus dem jeweiligen Subcluster verantwortet. Die Teamzusammensetzung der Subcluster sollte möglichst organisationsübergreifend und interdisziplinär sein. Etablierte Subcluster mit bereits länger laufenden Innovationsprojekten befinden sich entweder bereits in der divisionalen Verantwortung oder sind kurz vor der Übergabe. Neu initiierte Subcluster, welche auf neu identifizierten Innovationspotenzialen beruhen, werden in der Regel vom Innovationscluster bearbeitet, was sich dann im Zeitverlauf (genauso wie die (Sub-) Cluster an sich) noch ändern kann. Damit ist bereits klar: das Projekthaus ist eine atmende Organisation, d. h. die Innovationssubcluster und die dort laufenden Innovationsprojekte sollten idealerweise spätestens nach 24 Monaten in die Geschäftsbereiche übergeben und die Struktur so kontinuierlich aktualisiert werden.

Durch die dezentrale Innovationsorganisation in Form eines Projekthauses mit klar festgelegten Innovationszielen und Verantwortlichkeiten bei gleichzeitiger Zentralisierung des Innovationsbudgets gelingt es, das bekannte Dilemma der Traditionsunternehmen zu lösen: Divisionen und Regionen werden in den Innovationsprozess rechtzeitig, eng und proaktiv eingebunden; gleichzeitig werden Ressourcen und Budgets aus Projekten mit langfristigen Innovations- und Businesspotenzialen nicht aufgrund kurzfristiger divisionaler Prioritäten des Tagesgeschäfts abgezogen, sodass organisationale Ambidextrie erzielt wird.

5.2 Innovationsboard und zentrales Innovationsmanagement

Die zentrale Verwaltung des Innovationsbudgets und Verantwortung über das gesamtheitliche Innovationsportfolio und dessen Zielerreichung sollte mit klarer Verantwortlichkeit versehen werden. Im Beispiel hier liegt diese im sog.

Innovationsboard, welches von einem L1-Manager oder sogar von einem Vorstandsmitglied (CTO) verantwortet wird. Die Cluster Manager berichten an das Innovationsboard entweder disziplinarisch oder fachlich. Das Innovationsboard verfügt über ein eigenes Innovationsbudget sowie über eigene Ressourcen, die unter dem Innovationsmanagement gebündelt werden können. Das zentrale Innovationsbudget wird jährlich für Forschungs- und Innovationsprojekte vom Gesamtvorstand freigegeben und auf die Divisionen umgelegt. Die Budgetplanung erfolgt dabei auf der Innovationscluster-Ebene durch die Cluster Manager in einer engen Zusammenarbeit mit Projektteams der Innovationssubcluster. Erfahrungen zeigen, dass maximal 80 % des Innovationsbudgets im jeweiligen Cluster verplant werden sollte, um flexibel auf neue Themen unterjährig reagieren zu können.

Ein zusätzliches zentrales Innovationsmanagement unterstützt die Cluster Manager und alle Innovationsprojektteams in Form einer internen Dienstleistung und stellt gleichzeitig das operative Portfoliomanagement sicher. Eine der wichtigsten Rollen ist somit die des Innovationsportfolio-Managers, der für Konsolidierung, Aktualisierung und Monitoring des Innovationsportfolios sorgt. Weitere zentrale Funktionen sind z. B. ein Markt- und Technologietrend-Monitoring, Verantwortliche für den Innovationsprozess, Methoden und Tools (PMT) sowie ein Team, welches Auswahl und formale Steuerung der strategischen Partner unterstützt (Open Innovation). Drüber hinaus hat es sich bewährt, einen zentralen Pool von Projektleitern, Produktentwicklungsingenieuren sowie einen Prototypenbau z. B. in Form einer Innovation Factory aufzubauen, die allen Innovationsprojekten zur Verfügung stehen. Die im zentralen Innovationsteam gebundenen Ressourcen sollte erfahrungsgemäß 20–30 % des Gesamtbudgets für Innovation verbrauchen.

Der Gesamtablauf bis zu Portfolioaktualisierung und Budgetfreigabe liegt in Verantwortung der Cluster Manager und sollte idealerweise jährlich erfolgen. Im Sinne strategischer Agilität ist es allerdings empfehlenswert, eine einfache, aber regelmäßige Kommunikationskaskade zwischen Projektteams, Cluster Managern und Vorstand aufzubauen, damit Veränderungen im Innovationsportfolio und in der Innovationsstrategie bei Bedarf auch unterjährig entschieden werden können.

5.3 Verankerung der Innovationscluster in der Unternehmensorganisation

In Abb. 5.1 ist eine F&E-Organisation mit integrierten Innovationsclustern beispielhaft dargestellt. Die F&E-Organisation wurde als eine Matrix-Projektorganisation aufgestellt. Die Verantwortung für das Innovationsportfolio (FIP,

5.3 Verankerung der Innovationscluster in der Unternehmensorganisation

VEP) trägt das Innovationscluster Management und für das Serienproduktportfolio (PEP) das Produktmanagement. Innovationscluster-Management und Produktmanagement haben einen direkten Kontakt zum Vertrieb der Geschäftsbereiche, d. h. zu Markt und Kunden. Somit ist sichergestellt, dass neue Markt- und Technologietrends bei existierenden Kunden ins Innovationsportfolio einfließen. Das Innovationscluster-Management ist weiterhin mit der Unternehmensstrategie eng verzahnt, weil gerade dort die Innovationsziele bzw. neue Marktsegmente und Geschäftsfelder betrachtet werden.

Horizontal wurden alle Mitarbeiter in sogenannten Kompetenzteams gebündelt. Die Kompetenzteams wurden wiederum Abteilungen zugeordnet. Die Abteilung „Projects" beinhaltet alle Kompetenzen für Anforderungsmanagement und Systemarchitektur. In der Abteilung „Solutions" wurden alle Produktentwicklungsingenieure nach der vorgeschlagenen Clusterstruktur zugeordnet. „Enablers" stellt überwiegend Ressourcen für Konstruktion, Simulation und Prototypenbau zur Verfügung. „Strategy" ist für Innovationsmanagement, Patentwesen und den Global F&E Footprint verantwortlich. „Guidance" bündelt Wissensmanagement, Nachhaltigkeitsregelwerke und F&E Controlling.

Die Innovationscluster wurden in die Abteilung „Solutions" direkt integriert, z. B. das Team „Electric Drive Solutions" hat ca. 30 % dezidierte Ressourcen für Innovationsprojekte und 70 % für Serienentwicklungen. Der Innovationsclustermanager ist gleichzeitig der Gruppenleiter des Innovationsteams. Das Serienentwicklungsteam hat dagegen einen eigenen Gruppenleiter. Beide Gruppenleiter berichten an den Abteilungsleiter „Electric Drive Solutions". Entsteht nun ein neues Innovationsprojekt im Innovationscluster „Electric Drive Solutions" werden entsprechende Kernressourcen aus dem Innovationsteam abgestellt. Erweiterte Ressourcen können aus weiteren Kompetenzteam wie Flow Solutions, Konstruktion oder Prototypenbau abgestellt werden. Erreicht das Projekt dann Serienreife, wird es an das Serienentwicklungsteam übergeben und es kommen weitere Ressourcen aus Industrialisierung und Serienanlauf dazu. Diese F&E-Organisationsstruktur ermöglicht somit eine agile und flexible Reallokation der Ressourcen und Kompetenzen, da die Innovations- und Serienteams eng zusammenarbeiten.

Die Organisation ist somit deutlich komplexer als beispielsweise eine separate Innovationseinheit – ermöglicht allerdings die gezielte Nutzung bestehender Ressourcen und Kompetenzen zur Erhöhung der Erfolgswahrscheinlichkeit und Traktion von Innovation und deren Integration in die Organisation, um tatsächlich strategische Wirkung im Sinne von Innovation for Growth zu entfalten.

5.4 Innovationskultur

Um Innovationen dann auch erfolgreich umzusetzen ist es entscheidend, neben den passenden Prozessen/Methoden und der Organisation auch eine Innovationskultur im Unternehmen zu etablieren. Diese obliegt schlussendlich allen Mitarbeitern, kann aber insbesondere durch die Führungskultur und das Arbeitsumfeld beeinflusst werden.

Eine **Führungskultur** für strategische Innovation erfordert im Gegensatz zu einem effizienten und planbaren Top-Down-Management eine agile Führung mit verteilter Entscheidungsfähigkeit. Denn aufgrund der Komplexität und Unsicherheit bei Innovationen muss das Management bereit sein, Entscheidungsfindung ohne vollständige Informationssicherheit zu ermöglichen und entsprechend innovatives Handeln zu unterstützen.

Gleichzeitig benötigt es den Freiraum (Autonomie) für die Mitarbeiter, sich unbekannten Problemen zu widmen und diese kreativ anzugehen. Allerdings muss natürlich auch hier eine zielgerichtete Leistung sichergestellt sein. Hierzu wird ein gutes Alignment benötigt, welches beispielsweise durch die beschriebene Portfolio-Steuerung und ggf. dazu passende Incentivierung ermöglicht wird. Durch Adressierung dieser beiden Dimensionen „Autonomie" und „Guidance" gelingt es, eine Innovationskultur im Sinne von „Guided Autonomy" zu etablieren und dadurch das optimale Arbeitsumfeld für kontinuierliche Innovation im Unternehmen zu schaffen.

Wachstum durch Innovation 6

Was Sie in diesem Kapitel finden können

- Rückblick auf die Notwendigkeit strategischer Innovation für traditionelle Industrieunternehmen
- Zusammenfassung des ganzheitliches Innovationssystem zur Etablierung dynamischer Fähigkeiten
- Ausblick auf die Zukunft traditioneller Industrieunternehmen mit „Innovation for Growth"

Eingangs wurde die Frage gestellt, wie traditionelle Industrieunternehmen auch zu Wachstumstreibern des 21. Jahrhunderts werden können. Die Antwort: „Innovation for Growth". (Nur) mit strategischer Innovation gelingt die notwendige kontinuierliche und gezielte Anpassung an die immer neuen Herausforderungen des dynamischen Geschäftsumfelds und damit der Weg in eine erfolgreiche Zukunft.

Das vorgestellte ganzheitliche System für strategische Innovation adressiert die im ersten Kapitel beschriebenen Probleme klassischer F&E- und Innovationsansätze und ermöglicht spezifische, strategische Innovationsziele, klar abgestimmte Erwartungen an Innovation in der Gesamtorganisation, die Kombination von Markt-Pull und Technologie-Push, eine gezielte Nutzung von Open Innovation und einen übergreifenden Innovationsfokus mit kontinuierlicher Priorisierung. Damit schafft es die notwendigen dynamischen Fähigkeiten, um neue Wettbewerbsvorteile in Form von innovativen Technologie-/Markt-Kombinationen zu schaffen und so das bestehende Kerngeschäft schrittweise zu transformieren.

Die Beispiele erfolgreicher traditioneller Industrieunternehmen wie EBM-PAPST, KONE, DEHN und WÜRTH unterstreichen nicht nur die Notwendigkeit eines solchen strategischen Innovationsansatzes, sondern auch dessen positive

Wirkung. Die Unternehmen können damit ihre bisherigen Stärken nutzen und gezielt erweitern, um sich Vorteile in neuen Geschäftsfeldern zu verschaffen. Mit einer breiteren Adoption von „Innovation for Growth" werden damit zukünftig deutlich mehr als die aktuellen sechs Prozent der Unternehmen mit ihrer Innovationsleistung tatsächlich zufrieden sein. Wenn dies gelingt, steht dem Erfolg im 21. Jahrhundert nichts mehr im Wege – mit Unternehmen aus Tradition, welche jetzt jedoch digital, resilient, nachhaltig und agil agieren!

Was Sie aus diesem *essential* mitnehmen können

- Verständnis dynamischer Fähigkeiten für strategische Innovation
- Anwendbare Methoden und Tools für Innovationsstrategieprozess
- Zahlreiche Praxisbeispiele aus führenden Industrieunternehmen

Literatur

1. Anthony, S. D., & Viguerie, P. (2017). *Is R&D getting harder, or are companies just getting worse at it?* Harvard Business Review March 2017 Issue. https://hbr.org/2017/03/is-rd-getting-harder-or-are-companies-just-getting-worse-at-it. Zugegriffen am 18. November 2024.
2. Weiss, L. (2023). *Strategic corporate venturing in interlinked-ambidextrous units.* Dissertation an der HHL Leipzig Graduate School of Management, April 2023. https://nbn-resolving.org/urn:nbn:de:bsz:14-qucosa2-861359. Zugegriffen am 18. November 2024.
3. Boston Consulting Group. (2023). *How to gain advantages through innovation in uncertain times.* https://www.bcg.com/publications/2023/advantages-through-innovation-in-uncertain-times. Zugegriffen am 18. November 2024.
4. Boston Consulting Group. (2023). *Innovation strategy and delivery: Overview.* https://www.bcg.com/capabilities/innovation-strategy-delivery/overview. Zugegriffen am 18. November 2024.
5. McKinsey & Company (2024). *Taking the fear out of innovation.* https://www.mckinsey.com/capabilities/strategy-and-corporate-finance/our-insights/taking-fear-out-of-innovation. Zugegriffen am 18. November 2024.
6. March, J. G. (1991). *Exploration and exploitation in organizational learning.* Organization Science, 2(1), 71–87.
7. O'Reilly, C. A., & Tushman, M. L. *(2013). Organizational ambidexterity: Past, present, and future.* Academy of Management Perspectives, 27(4), 324–338.
8. International Organization for Standardization (2016). *ISO 56002:2019 – Innovation management – Innovation management system – Guidance.* https://www.iso.org/standard/68221.html. Zugegriffen am 18. November 2024.
9. Sauberschwarz, L., & Weiss, L. (2018). *Das Comeback der Konzerne.* Vahlen.
10. KTH Royal Institute of Technology (2024). *KTH Innovation Readiness Level.* Abgerufen von https://kthinnovationreadinesslevel.com. Zugegriffen am 18. November 2024.
11. Weiss, L., & Smetana, T. (2023). *The Goal Leads The Way – Innovation-to-Business at Schaeffler.* Innov8rs Conference, Lisbon, May 2–3, 2023.

The manufacturer's authorised representative in the EU is Springer Nature Customer Service Centre GmbH, Europaplatz 3, 69115 Heidelberg, Germany. If you have any concerns regarding our products, please contact ProductSafety@springernature.com

Printed and bound by CPI Group (UK) Ltd, Croydon, CR0 4YY
26/03/2026
02078968-0001